世界史ミステリー

博学面白倶楽部

三笠書房

はじめに……世界史の「真実」を解き明かす本

ヨーロッパの宮殿で、アジアの雑踏で、七つの海を巡って、血なまぐさい戦場で、あるいは時の権力者の胸先三寸で……人類は、歴史を刻んできた。

それらの数々は今日、「世界史」として私たちの知るところとなっている。

しかし、**歴史とはつねに「勝利した側」「権力を握った者」に都合のいいように語られ、残されていくものだ。**

実際にはその背後に、語られることや記されることのなかった嘘、思惑、権謀術数、恥、黒い秘密、陰謀――が隠されていると考えたほうがよい。

「史実」は、「真実」と決してイコールではない。

むしろ、「史実」とされていることが、「真実」を覆い隠している可能性さえあるのだ。

たとえば、アメリカ史に名高い大統領リンカーンの暗殺事件には、実行犯の他に、それを〝裏で指示していた人物〟が存在していたとささやかれている。

一方、キリスト教史上、裏切り者とされてきたユダは、近年見つかった『ユダの福音書』なる書物によると、むしろ最もイエスに忠実な弟子だったと記される。

あるいは、史上最悪の海難事故として知られるタイタニック号の沈没事故。その背後には、巨額の〝保険金詐欺計画〟が仕組まれていた、ともいわれているのだ。

そう、歴史はつねに、〝何者か〟に都合のいいように書き換えられてきた。

そこにある「嘘」にこそ、人類の真実が詰まっているのである。

本書は、そんな真実を覆い隠す「史実」という扉に対して、「証拠」という鍵を使って、一つひとつ、封印を解いていく。

歴史の謎を探る探偵になったような気分で、教科書が教えてくれない、封印された世界史を楽しんでいただければ幸いである。

博学面白倶楽部

世界史ミステリー

もくじ

はじめに……世界史の「真実」を解き明かす本…… 3

第1章

誰にも〝裏の顔〟がある「あの**歴史上の大人物**」が**隠**していたミステリー

第2章

その〝事件〟は仕組まれていた？ 黒すぎる「**陰謀**」のミステリー

第3章

迷信か、それとも……**戦慄が走る「呪い」**のミステリー

第4章

密かにささやかれ続けた まことしやかな「噂」のミステリー

第5章

新たな〝真実〟が判明！ロマンあふれる「**伝説**」のミステリー

第6章

謎のヴェールに包まれた 身も凍る「狂気と怪奇」のミステリー

本文デザイン・DTP／伊藤知広（美創）
写真協力／Fotolia、Pixta

第1章

誰にも〝裏の顔〟がある

「あの歴史上の大人物」が隠していたミステリー

絶海の孤島で死んだはずの――

イタリアに現われた「ナポレオンと瓜二つの人物」

フランスの英雄ナポレオンは、一八一五年、ワーテルローの戦いでイギリス、プロイセン、オランダの連合軍に敗れ、南大西洋に浮かぶ絶海の孤島セント・ヘレナに流され、六年後の一八二一年、胃がんのために五十一歳の人生を終えたと伝えられる。

しかし、セント・ヘレナ島で死んだのは、本当にナポレオンだったのか?

突拍子もない話であるが「ナポレオンは密かに島から脱出しており、セント・ヘレナ島で死んだのは影武者だった」という噂があるのだ。

消えたナポレオンの〝影武者〟

実はナポレオンには、顔も体つきもそっくりな影武者がいた。**フランソワ・E・ロボという人物**だ。彼は、ナポレオンがセント・ヘレナ島へ幽閉された後、ミューズ川に近い故郷のバレイクル村に戻り、農民として妹と暮らしていた。

そうした彼のもとに、一八一八年にナポレオンの随員(ずいいん)の一人、グールゴー男爵がやってきた。男爵はセント・ヘレナ島からパリへと戻り、その二カ月後、バレイクル村に一台の立派な馬車に乗ってやってきて、ロボの家を訪ねた。するとその年の秋、ロボと妹は村から忽然（こつぜん）と姿を消した。

二人の行く先は誰もわからなかったが、妹はのちにトゥールという町で暮らしているのが発見された。彼女は面識のない医者から郵送で仕送りを受けて、快適に暮らしていたという。しかし、**兄のロボの行方については「遠い国へ航海に出た」と言うだけ**で、彼女も詳しくは知らなかった。以後、ロボの姿を見た者は誰もいない。

「ナポレオンの息子」が瀕死の際に、駆けつけた人物

ロボが姿を消した後の一八一八年の暮れのある日、イタリアのヴェローナの町に、レパールと名乗る身なりのよいフランス人が現われ、宝石と眼鏡を扱う小さな店を開いた。しかし、商売は番頭として雇ったペトルッチに任せきりだったという。

レパールは非常にナポレオンに似ていたので、**ペトルッチはレパールのことを、冗談まじりに「皇帝」と呼んでいた**そうだ。

一八二三年八月二十二日午後、一人の男が店を訪れ、レパールに手紙を渡した。それを読んだレパールは血相を変え、二時間後には馬車に乗り込み、どこかへと出かけ

ていった。このとき、レパールはペトルッチに一通の手紙を渡し、「**自分が三カ月以内に戻らない場合は、フランス王に送ってくれ**」と言い残したという。

それから二週間ほど経った九月四日の夜十一時すぎのウィーン。ハプスブルク家の王宮であるシェーンブルン宮殿に、塀(へい)を乗り越えて侵入しようとした男が、衛兵によって射殺された。

その宮殿内では、**ナポレオンの息子ナポレオン・フランソワ・シャルル・ジョゼフ・ボナパルトが猩紅熱(しょうこうねつ)で瀕死(ひんし)の状態にあった**という。ナポレオンの失脚後、皇后マリー・ルイーズは息子を連れて実家に戻っていたのだ。

翌日、フランス大使館が死体の引き渡しを求めてきたが、宮殿側はこれを拒否。侵入者の遺体は、なぜか宮殿内に葬られた。

結局ペトルッチのもとには、三カ月経っても、レパールは戻らなかった。ペトルッチはレパールに命じられたようにフランス王にレパールの手紙を送ったところ、多額の報酬が与えられたという。

胃がんで死んだはずのナポレオンの腸に残る、「銃弾の痕跡」

一方、セント・ヘレナ島での幽閉生活を送ったナポレオンは、死を迎える前頃から、

オテル・デ・ザンヴァリッド地下にあるナポレオンの墓

自分の過去について思い出せなくなったり、急に庭仕事に興味を持ったり、言動が粗野になったりしていたという。まるで別人にでもなったかのように……。

バレイクル村に残るロボの記録には、**「一七七一年この村に生まれ……セント・ヘレナ……にて死す」**と記されている。死の日付はなぜか判読できない。

ここから、セント・ヘレナ島で影武者のロボと入れ替わったナポレオンは、レパールと名乗り、ヴェローナに潜伏。愛息の急報を聞きつけてオーストリアに急行するも、宮殿に侵入しようとしたところを射殺された、というストーリーが浮かび上がってくる。

もはや歴史的役割を終えたナポレオンが、最期に見たのはどのような風景だったのか。

フランス救国の英雄

聖女ジャンヌ・ダルク——その死にささやかれる〝異説〟

一三三七年から一四五三年の長きにわたって繰り広げられた百年戦争。ヴァロワ朝のフランスと、プランタジネット朝のイングランドが、フランス王位を巡って争ったこの戦争で、一人の少女がフランスの国民的英雄となった。

ジャンヌ・ダルクである。

一四二九年、フランス国内の反王家派と結んだイングランドの攻勢で、フランスの命運が風前の灯（ともしび）となったとき、フランス中部のロワール渓谷にあった王太子シャルルが逼塞（ひっそく）するシノン城に、十七歳のジャンヌが現われた。彼女は天使ミカエルの声に導かれてフランスを救いにきたと語り、男装の兵士となってフランス軍の先頭に立ち、イングランド軍に戦いを挑んだのだ。

ジャンヌは陥落寸前だった王太子派の都市オルレアンを瞬く間に解放すると、その後も連戦連勝し、一四二九年七月、王太子シャルルをランス大聖堂にて国王シャルル七世として戴冠（たいかん）させるに至った。

こうして王太子派は勢力を盛り返し、フランスは滅亡の危機を脱したのである。

英雄ジャンヌ・ダルクの非業の最期

だがこの戴冠を境に、なぜかジャンヌは勝利から見放されるようになり、そのカリスマ性にも陰りが見え始める。

ついには一四三〇年五月、ジャンヌはコンピエーニュにて味方の裏切りに遭い、イングランド方に捕らえられてしまう。

ランス大聖堂での戴冠式におけるジャンヌ

やがてジャンヌはルーアンへ移送され、イングランドによる処刑を前提とした結果ありきの裁判を受け、カトリック教会から魔女だとして死刑判決を受け、一四三一年五月、民衆の前に引き出され、火炙(あぶ)りの刑に処せられてしまうのである。

救国の英雄であるとともに、フランス王室の恩人でもあるジャンヌの危機であったが、シャルル七世がジャンヌ救出に動いた形跡はない。

処刑から五年後に現われた「ジャンヌと名乗る女性」

こうして歴史の上では非業の死を遂げたジャンヌだが、なんと、「彼女は生きていた」という噂がまことしやかにささやかれている。

絵画ではよく、処刑を前に祈る美女の姿で描かれるジャンヌ・ダルクだが、当時の様子を記した『ペルスヴァル・ド・アニー年代記』によると、**ジャンヌが牢獄から引き出されて処刑されたとき、その顔は布で覆われていて、誰も彼女の顔を見ていなかったという。**つまり、誰が処刑されたのか、群衆に確かめる術はなかったのだ。

そうした奇妙な処刑から五年後の一四三六年五月三十日には、ジャンヌの故郷ドンレミ村に近いメッスに現われた女性が、**自分は「ラ・ピュセル・ド・フランス（フランスの聖女）である」と名乗った**のである。

このとき、ジャンヌの弟のジャンとピエールが、その女性がジャンヌ本人だと認めており、のちに女性はオルレアンを訪問して大歓迎を受けたらしい。近隣の領主たちは馬や剣、金子（きんす）などを贈ったと伝わる。

さらに、前述の年代記によると、ジャンヌの逃亡は合意事項で、身代わりを立てた上で、イギリスのベドフォード公らによって地下道を通じて逃がされたという。

◉彼女が語ったこと、語ろうとしなかったこと

この女性はロレーヌ地方の領主で五十歳のロベール・デ・ザルモアーズと結婚し、ジャンヌ・デ・ザルモアーズとしてその後の人生を送ったと伝えられている。さらに、オルレアンの会計記録には、彼女が王と謁見したことや、オルレアン市から二百十ルーブルを贈られたという記録なども残っている。

ただ、この女性が本当にジャンヌだったという証拠はなく、本物だと信じる人々がいる一方で、ジャンヌの名を騙った詐欺事件だったとする見解もあり、はっきりしない。

メッスに現われた「ジャンヌ」は、すでに知れ渡っていた武勲については饒舌に語ったものの、火炙りの話や〝空白の五年間〟に話題がおよぶと、途端に寡黙になったという。それが語りたくなかっただけなのか、それとも語れるだけのことを彼女が知らなかったのか、真相は謎のままだ。

はたしてジャンヌは本当に生き延び、幸福を手にしたのか？　今もってその真相は明らかにされていない。

ありかを知った者には何かが起きる⁉

ナチスに略奪されたエカテリーナ宮殿の「琥珀の間」の行方

第二次世界大戦中、ナチスドイツは、ヨーロッパ中の財宝を略奪した。

その数は、ナチスが政権を握っていた一九三三年から一九四五年の間に、絵画や彫刻、タペストリー、その他の美術品だけで六十万点にもおよぶという。ドイツの降伏後、そのうちの多くが元の所有者へ返還されたが、いまだ発見されていない美術品は十万点にも上ると推測されている。

ケーニヒスベルク城から忽然と消えた「琥珀の間」

その返還されていない美術品のなかで、最も経済的・歴史的・文化的に価値が高いといわれているのが、旧ソ連のレニングラード（現・サンクトペテルブルグ）近郊に建つエカテリーナ宮殿から奪った「琥珀（こはく）の間」だ。

この部屋はもともとプロイセン王国のフリードリヒ一世、フリードリヒ・ヴィルヘルム一世と父子二代の国王の下で制作されていたが、一七一六年、ロシア帝国のピョートル一世の願いを受けて、未完成のままロシアへと寄贈された。その後、ロシアでも建設が進められ、完成したのは一七七〇年のこと。すでにピョートル一世は没し、エカテリーナ二世の時代となっていた。

完成した琥珀の間は、琥珀をふんだんに用いて作られた祝典応接室で、壁面だけでも六トンの琥珀が使われており、価値は時価約四百億円ともいわれている。

やがて一九四一年六月、独ソ不可侵条約を破ってソ連に侵攻したドイツ軍は、九月にエカテリーナ宮殿を占領。**「琥珀の間」を解体してドイツへ持ち帰り、翌年、ドイツ東部のケーニヒスベルク城の一室に再現した。**

しかし、ドイツ軍はレニングラードの占領に失敗。さらに一九四三年一月にスターリングラードの戦いに敗れると、翌年にはソ連軍の攻勢を受けて開戦前の国境線まで押し戻された。さらに、アメリカ軍の本格参戦を受けたドイツ軍が西部戦線でも米英の攻勢を受けて劣勢に立たされると、ソ連軍は一九四五年四月九日、「琥珀の間」が置かれているケーニヒスベルク城を占領した。

このとき、ソ連軍はすぐさま「琥珀の間」を奪還しようと捜索を開始したが、部屋の形跡こそあったものの、**琥珀や部屋を飾る調度品どころか、「琥珀の間」自体がそっくり姿を消していたのだ。**

「琥珀の間」の行方を知る人物が次々に変死

以来、「琥珀の間」は発見されることなく現在に至る。しかも、その行方を知っていると考えられる人々に、不可解な出来事が続出しているのだ。

まず、ケーニヒスベルク城の博物館長だったアルフォレート・ローデは、ソ連の尋問に対し**「琥珀の間は燃えた」**と答えていたのだが、再度の尋問を前に急死。

さらに、莫大な略奪美術品を私物化したとされるナチ党員で、ローデとも接触があったプロイセン大管区長官エーリッヒ・コッホは、**「私のコレクションがあるところに、『琥珀の間』は存在する」**と謎めいた言葉を残して、一九八六年にポーランドの刑務所でこの世を去った。

一九八七年八月には、西ドイツ政府の支援を受けて、「琥珀の間」の調査にあたっていたゲオルク・シュタインという人物が、バイエルン州の森のなかで裸の遺体で発見された。腹が切り裂かれ、近くにはナイフと外科用メスが落ちていたという。

その死の直前、シュタインは親しかった東ドイツのパウル・エンケ中佐に電話し、近く記者会見すると興奮した様子で語っていたという証言がある。

しかし、記者会見の直前に変死を遂げ、エンケ中佐もその年のうちに急死してしま

1931年に撮影された当時の琥珀の間

うのだ。シュタインの死は自殺として処理されたが、何者かに殺害された可能性も捨てきれない。エンケ中佐の死因も、病気だとか、路上で倒れて急死したとか諸説あり、はっきりしていない。

一九九七年には「琥珀の間」に飾られていたモザイク画を売り出した人物が出現。その人物は自らを「ミスターX」と名乗り、決して名前を明かそうとはしなかった。

急死する以前、エンケ中佐は、シュタインの死は殺人事件だとし、「実行犯はおそらく、財宝をわが物にしようとするナチスの残党だ」と信じていたという話もある。

「琥珀の間」については、多くのトレジャーハンターが今も捜索を続けているが、いまだに手がかりすら見つかっていない。

ロマノフ朝最後の皇帝

ニコライ二世一家、繰り返されてきた「生存説」の結末は？

一九一八年七月十六日、約三百年にわたってロシアに君臨したロマノフ王朝（一六一三～一九一七年）が、その長い歴史を閉じた。一九一七年のロシア革命で皇帝の座を奪われた皇帝ニコライ二世とその家族が、幽閉先のエカチェリンブルク近郊のイパチェフ館で、レーニンが率いた革命派によって銃殺されたのである。

幽閉されていたのは、ニコライ二世と皇后アレクサンドラ、十三歳の皇太子アレクセイ、二十二歳の長女オリガ、二十一歳の二女タチアナ、十九歳の三女マリア、十七歳の四女アナスタシア、そして、主治医ボトキン、侍女デミドワ、コック長ハリトノフ、従者トラップの十一人である。

四女・アナスタシアは生き延びた？

運命の日、自分たちが銃殺されるとは思いも寄らないニコライ二世一家と使用人たちは、狭い小部屋に入るよう命じられた。

その後、銃撃隊が部屋に入り、「**あなたの親族が、外国の力を借りて革命政府を転覆しようとしている。そこで、あなた方を射殺します**」と告げた直後、多数の銃弾が彼らに撃ち込まれたのである。

その後、十一人の死体は細かく刻まれた上で焼却され、骨には硫酸がかけられ、エカチェリンブルク郊外に埋められたという。

しかし、こうした記録は残っているものの、遺骨が埋められた場所を特定する資料は残されていなかった。

その結果、一家の遺骨はなかなか見つからず、いつしか「ニコライ二世一家はドイツに引き渡され、その後、中国に渡った」「秘密のトンネルを使って南海（なんかい）の島に脱出した」といった生存説が流れることになった。

なかでも四女のアナスタシアについての生存説が多く、一九八四年までアメリカで生きていたというまことしやかな噂も流れたのである。実際、後に偽物であることが証明されたものの、「**自分は皇女アナスタシアだ**」と名乗る女性まで現われた。

一家の遺骨が発見されるも――「二体足りない」！

一九八九年、一家の遺骨らしきものが発見され、その衝撃的なニュースは世界中で報道された。

　ＤＮＡ鑑定を中心に鑑定が進められ、ニコライ二世の一家のものであるという結論が出た。この鑑定では、ニコライ二世が一八九一年に日本を訪問した際に、滋賀県の大津で警備中の警官に切り付けられた「大津事件」の際に、ニコライ二世の傷口に当てがった木綿のハンカチが使われた。

　しかし、この段階でも、まだ謎は残っていた。**銃殺されたのは十一人のはずなのに、なぜか遺骨は九人分しか見つかっていなかった**のだ。

　では、遺骨が発見されなかった二人とは誰なのか？

　この謎については、「アレクセイとアナスタシアだ」「いや、アレクセイとマリアだ」という論争が起きたが、はっきりしたことはわからなかった。アナスタシアの生存説が長く消えなかったのは、この遺骨の数の問題もあったからだ。

　この謎が解明されたのは、二〇〇七年七月のことだった。**二体の骨片四十六個が、九体の遺骨が発見されたところから八十メートル離れた場所で発見された**のだ。二〇〇九年三月十一日、ＤＮＡ鑑定によって、この二体の遺骨は、アレクセイとマリアのものであると確認された。九十年の時を経て、ニコライ二世一家にまつわる謎が、やっと終焉を迎えたのである。

モンゴル帝国を築いた

青き狼、チンギス・ハンの墓のミステリー

モンゴル帝国の創始者チンギス・ハンは謎の多い人物である。

彼はモンゴルの遊牧民族の出身で、その名をテムジンという。成長すると周辺部族を次々と従え、モンゴル高原を統一。一二〇六年にはクリルタイでチンギス・ハンの称号を与えられた。ハンとは「君主」の意味である。さらにチンギス・ハンは周辺国の征服に乗り出し、西夏(せいか)やウイグルを征服。十三世紀に、アジアのほぼ全域からヨーロッパの東部にかけて広がる大帝国の基礎を築いた。

本人による「厳しい遺言」ゆえに……

そのチンギス・ハンは、一二二七年に六盤山(りくばんさん)で死亡したことはわかっている。しかし、彼がどこで生まれ、どこに埋葬され、その墓地はどこにあるのかなど、今もわかっていないことが非常に多いのだ。とくに墓の所在は、大きな謎となっている。

チンギス・ハンの墓の場所が判明しないのは、**チンギス・ハンが自らの埋葬場所を決して知られないようにと遺言した**ことが大きな理由のようだ。

ただ、ヒントはある。モンゴル民族の歴史を中心に世界の諸民族の歴史を集めた、ラシード・ウッディーンによる『集史(しゅうし)』によると、**生前、チンギス・ハンは、生まれ故郷に近い丘の上にある一本の大樹の陰にたたずみ、「ここを私の墓所とするように」と命じた**とあり、その場所を「**ブルカン・カルドゥン(聖なる山)**」としている。

ただ、遺体が埋葬された地表には何も目印を残さなかったとあり、その場所にはやがて木々が茂り、誰も墓にたどり着くことができなくなったという。

さらに『元史(げんし)』には、その場所を「起輦谷(ケルレンこく)」としている。元の二代オゴタイ・ハンも三代グユク・ハンも、その後の元の皇帝は、すべて死去した後、起輦谷に葬られたと記述されているのだ。たとえ皇帝がどれほど遠く離れた場所で死亡しても、必ず起輦谷に帰葬されたという。つまり、起輦谷がどこかがわかれば、チンギス・ハンの墓もわかるというわけだ。

墓の所在地を伝える、随員の記録

しかし、事は簡単ではない。チンギス・ハンの死後九年ほど経った頃に、南宋(なんそう)使節鄒仲之（すうしんし）の随員であった除霆（じょてい）という人物がモンゴル帝国を訪れており、彼の記録に次のようにあるのだ。

「墓はヘルレン河の近くにあるのを見た。テムジンはここで生まれたので、死後、ここに埋葬したと伝えられている、しかし、この伝承が本当かどうかは明らかではない」

これが、チンギス・ハンの墓の所在を示す、最も古く確かな文献なのだが、ここにも具体的な場所は記されていない。

ユーラシアに大帝国を築いたチンギス・ハン

こうした状況のなか、多くの研究者がチンギス・ハンの墓の場所について諸説を発表してきた。一九九〇年から始まったモンゴルの調査の結果では、墓の所在地の有力地として、ウランバートルの北東三百キロほどにある、ヘルレン川、オノン川、トラ川の源流が集まるヘンテイ山脈、なかでもイフヘンテイ山塊（さんかい）を中心とする地域という説が発表された。この地は、モンゴル人たちが神聖視してきた地である。

さらに、一九五七年には、ロシアの考古学者キセリョフ博士が、実地調査の結果、東バイカル地方のチタ州オノン地区ニージニィ・ツァスチェイ村近くのデリウン・ボルダグであると主張。また、中国政府は、一九五〇年代に、現在の中国内蒙古（ネイモンクー）自治区オルドス地方にチンギス・ハン陵を建設し、この地が有力だとしている。

第三十四代子孫による、これまでの説を覆す「決定的証言」

そうしたなか、二〇〇九年九月に、新たな説が浮上した。チンギス・ハンの第三十四代子孫とされる大連（だいれん）在住のモンゴル族女性ウユンチチガさん（八十歳）が、「チンギス・ハンの墓は四川省（しせんしょう）カンゼ・チベット族自治州にある」と証言したのだ。

彼女によれば、**墓の場所は先祖代々口頭で伝えられ、四年に一度は身内だけで墓参りを続けていた**という。

墓は山の中の洞窟にあり、洞窟内の多くの穴の一つに、ミイラ化したチンギス・ハンの遺体が保存されているという。

この証言が事実ならば、チンギス・ハンは八百年近くの時を経て、ミイラで発見される可能性がある。今後の調査に期待したい。

アメリカ史に名高い大統領

リンカーン暗殺を指示した〝裏切り者〟とは?

一八六五年四月十四日――。ワシントンのフォード劇場において、アメリカ合衆国第十六代大統領エイブラハム・リンカーンが暗殺される事件が起きた。

リンカーンといえば、大統領就任とほぼ同時に開戦した南北戦争において、奴隷解放宣言を行なったアメリカの偉人。彼が演説で発した「人民の人民による人民のための政治」というフレーズは、今も語り継がれている歴史上の名文句となっている。

しかし、南北戦争を北部の勝利に導いて合衆国の分裂を防ぎ、奴隷解放を実現させる道筋をつけたリンカーンは、実質的に南北戦争が終焉を迎えたわずか六日後の夜、暗殺者の手によってこの世を去ってしまった。

リンカーンは、自らの死を予知していた?

この悲劇には、実は様々な噂や謎が残されている。

まず、リンカーンは自分の死を予測していたという点だ。暗殺される年の初めのある夜、リンカーンは、自分が死んで人々が悲しんでいる様子を夢に見たと側近に語っている。**リンカーンが夢のなかで、その場にいる人に何があったのかと尋ねると、「大統領が暗殺されたのです」**という答えが返ってきたという。この夢は、残念ながらリンカーンの運命を予見したものとなってしまったのだ。

不可解すぎる〝捜査ミス〟の連続

実際の暗殺事件にも、多くの謎がある。

リンカーンが暗殺された夜、彼はワシントンのフォード劇場のボックス席で観劇をしていた。そこに、熱狂的な南部独立派の俳優ジョン・ウィルクス・ブースが現われ、背後からリンカーンの後頭部に銃弾を撃ち込んだのである。ブースはすぐさま逃走し、リンカーンは近くの小さなホテルに運ばれたが、そのまま息を引き取った。

疑惑が生じるきっかけとなったのが、その後の不可解な捜査である。

衆人環視のなかでの犯行だったため、犯人がブースであることは疑う余地がなかったというのに、捜査を指揮したスタントン陸軍長官が、ブースを犯人と認めたのは、深夜二時頃。すでに事件発生から五時間が経過していた。

ブースがリンカーンを背後から狙撃する瞬間（アメリカ議会図書館所蔵）

　しかも、ブースを犯人だと特定し、捜査を始めたものの、なんと**ブースの手配写真を別人のものと取り違えて配布する**という大失態を犯している。

　そもそも、リンカーンは自分の護衛に、信頼するトーマス・エッケルト少佐を同行させようとしていたが、これをスタントンが拒否し、警官のジョン・パーカーを配置していたのだ。

　このジョン・パーカーは飲んだくれで有名で、この日も早々に持ち場を離れて酒場へ向かっていたという。事件はその間に発生しているから、致命的な失態だ。

　スタントンが犯人特定に手間取ったり、手配写真を間違えたりしているうちに悠々とワシントンから逃げ出したブースは、十二日後に発見され、その場でスタントンの部下である軍曹に射殺された。

しかし、**ブースの逃走を手助けし、ブースとともに追い詰められて投降した共犯者のデイヴィッド・ヘロルドは、射殺されたブースの遺体を見て、「別人だ」と主張したという話が残っている。**

さらにスタントンは、その後、証拠品となるブースの日記の存在を否定している。のちに前言をひるがえして日記を法廷に提出したが、その日記は、肝心の暗殺事件前後の部分が、二十四ページにもわたって抜け落ちていた。

〝黒幕〟はいったい誰だったのか

こうした様々な出来事は何を意味しているのか？

暗殺事件の後、ブースの他にもヘロルドをはじめ、暗殺に関わったとされる人物の合計九名が軍事裁判にかけられ、四名が処刑された。しかしその他にも、暗殺を指示した〝黒幕〟が存在していたという説がささやかれているのだ。

その**黒幕こそ、陸軍長官のスタントン。**

なんと、リンカーンの配下の者が、その暗殺の黒幕だった可能性があるというわけだ。

実はスタントンは、リンカーンが進める南部統合に反対する立場をとっており、また、反リンカーン派の北部投資家や共和党急進派とのつながりがあったことも指摘されている。

しかし、結局これらの謎は百五十年経った今も謎のままであり、真相は解明されていない。

リンカーンの魂は今も、ホワイトハウスにとどまり続けている?

こうして悲運の死を遂げたリンカーンの魂は、その後もホワイトハウスにとどまっているようだ。

第三十代大統領カルヴィン・クーリッジの夫人グレイスが、大統領執務室から窓の外を眺めるリンカーンの姿を見たのを皮切りに、フランクリン・ルーズベルト大統領の時代には、オランダのウイルヘルミナ女王やルーズベルトの秘書など、多くの人が目撃している。

その後も、リンカーンの幽霊の目撃談は後を絶たない。リンカーンは今もホワイトハウスにとどまり、アメリカの行く末を案じ続けているのかもしれない。

イスラエル民族の至宝

「モーセの十戒」の石板が、今なお〝あの地〟に？

古代イスラエル民族の至宝である「契約の箱」。これは、モーセがシナイ山で神に授けられた十戒（じっかい）が記された石板を納めた箱なのだが、ただの入れ物ではない。

中の石板はイスラエル民族と神の契約のあかしで、かけがえのないものであることはいうまでもない。旧約聖書によると、箱も神の細かい指示に従って、純金で覆ったアカシア材でつくられ、蓋（ふた）の両側には翼を広げた天使像が配されていたという。その箱と石板は、まさにイスラエル民族の信仰のよりどころなのである。

超自然的なパワーを有する「イスラエル民族の象徴」

旧約聖書によると、契約の箱は金箔張りの担ぎ棒で運べるようになっていたとされ、イスラエル民族の放浪時代、移動の際にはつねに人々の先頭にあって、宿営のときには天幕（てんまく）と呼ばれるテント式の神殿に据（す）えられたという。
しかも**この箱は超自然的なパワーを有しており、イスラエル民族の危機においては**

その力で彼らを助け導いたという。戦場に運ばれてはエリコの城壁を崩壊させ、ペリシテ人に持ち去られた際には、ペリシテ人に対して様々な災いをもたらすといった、強い力を発揮している。

紀元前一〇〇〇年頃、イスラエルを統一したダビデ王は、契約の箱を首都エルサレムに運び、その子ソロモン王はエルサレムに神殿を築いて、契約の箱を安置した。これは、民族の苦しい放浪の終わりと隆盛を意味した。

だがその後、イスラエル王国が南北に分裂し、北のイスラエル王国が紀元前七二二年に、南のユダ王国が紀元前五八六年にそれぞれ滅亡するなかで、契約の箱はいつしか姿を消し行方不明となってしまった。その後、新たな第二神殿が建てられたときも、至聖所（しせいじょ）（神殿内で最も神聖な場所）に契約の箱は安置されなかったのである。

諸説語られる「契約の箱の行方」

契約の箱の行方に関しては、多くの人々が様々な説を展開し、ときには捜索も行なわれてきた。

そうしたなかで、最も有力とされるのが、紀元前五八七～五八六年に**新バビロニア王国がエルサレムを陥落させ、ユダ王国を滅ぼした際に、神殿もろとも焼失した**というものである。

だが、新バビロニア軍の襲来前に、預言者エレミアが持ち去って深い洞窟に隠したという説もあり、それが今はヴァチカンの地下にある、死海のほとりのクムランに埋没している、ネボ山に隠されているなど、さらに諸説に分かれる。

「契約の箱を保管している」と主張する教会

そして遠いエチオピアの地にも、契約の箱が存在しているという言い伝えがあるのだ。

一世紀頃、エチオピア北部にアクスム王国という国が建国された。この国は四世紀頃にキリスト教を国教として繁栄したが、七世紀以降は衰退し、あたり一帯はイスラム化していった。それでも現在に至るまで数多いキリスト教徒がいて、エチオピア正教と呼ばれるキリスト教の信仰が続いている。

伝説によると、アクスムの初代国王は、ソロモン王とシバの女王の間に生まれたメネリクという人物で、その**メネリクが契約の箱を神殿から持ち出し、アクスムまで運ばせたと**いうのだ。

またエチオピアのファラシャ族は、現在も自分たちは契約の箱を運んできたユダヤ

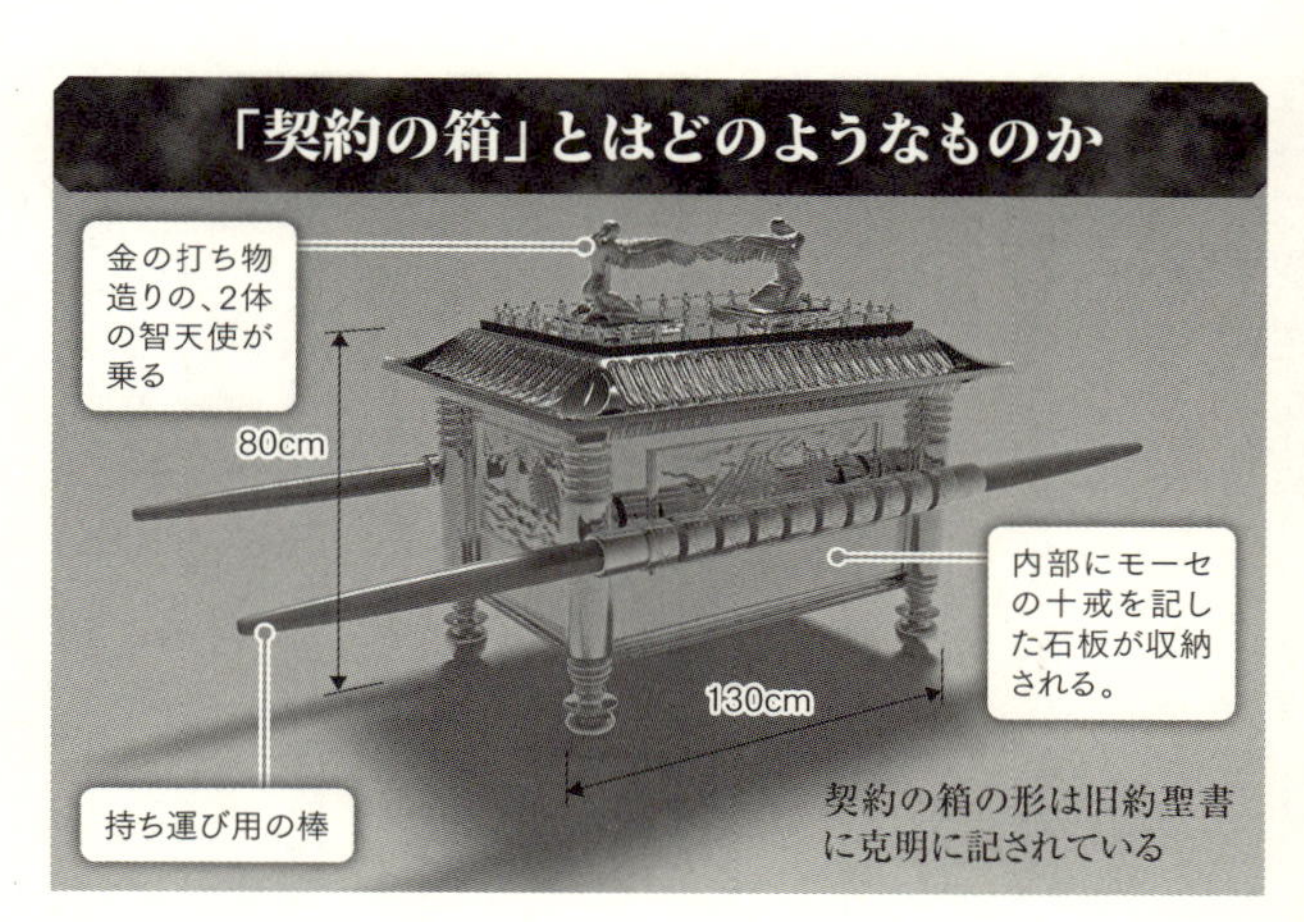

契約の箱の形は旧約聖書に克明に記されている

人の子孫だと自任している。

エチオピア正教会は、アクスムのマリア・シオン教会に、何百年も前から契約の箱を保管していると公に主張しており、その主張は今現在も変わることがない。

アクスムの教会で行なわれる年に一度のティムカット祭では、契約の箱のレプリカである「タボット」が、マリア・シオン大聖堂から出て巡幸を行なう。香が焚かれ、ベルやトランペットが鳴り響くなか、豪華な衣裳をまとった祭司たちに担がれたタボットの周囲で、人々は歌い踊るのである。

とはいえ、ここに本当に契約の箱があるのかは謎のまま。契約の箱の行方を探す試みは、世界中で今も続けられている。

大英帝国発展の基礎を築いた

〝処女王〟エリザベス一世がひた隠ししていた秘密

イングランドの発展の基礎を築き、スペインの無敵艦隊を破ったエリザベス女王は生涯独身を貫き、「ヴァージン・クイーン」と呼ばれた。女王の「**私は国家と結婚した**」という言葉はよく知られている。

非婚を宣言した女王は、テューダー朝を絶やすのと引き換えに、海洋進出に大きな足跡を記し、アルマダの海戦でスペインを破り、イングランドをヨーロッパの強国とするのである。

とはいえ、女王は恋愛に一切興味がなかったかというと、そうではないようだ。女王の愛人ではないかと噂された人物は、数多くいる。

結婚をちらつかせた、女王の巧みな対外政策

ただし、即位当時、決して強国とはいえなかったイングランドにとって、女王の結婚は政治問題であり、万一、強国の王と結婚すればイングランドが属国化される恐れ

があった。あるいは、同盟のために結婚すれば、新たな敵を生む事態になりかねなかった。そこで女王は、未婚であること、すなわち結婚する可能性があることをちらつかせながら、巧みな外交を展開した。

たとえば、宗教問題に加え、領土問題でも対立していたスペインのフェリペ二世に対しては、結婚をする気のあるそぶりを示しつつ、真っ向から対立しないことで、スペインと渡り合う国力を身につけるまでの〝時〟を稼いだという。

目にあまるほどだった、ロバート・ダドリーへの寵愛

そうしたエリザベス女王の私的な恋愛の対象となったのは、もっぱら側近たちであった。

そのなかでもレスター伯ロバート・ダドリーへの寵愛は並々ならぬものがあった。

彼にはエイミー・ロブサートという妻がいたが、エリザベスはロバートを主馬頭として側近に登用。寵愛し始める。

一五六〇年にエイミーが謎の事故死を遂げると、これはエリザベス一世と結婚するためにロバートが手を下したものではないかと噂された。実際に、ロバートはたびたび女王に結婚を迫っている。

自らを「女王の隠し子だ」と自白した男

さらにこの二人の間には、国家機密級のミステリーが存在する。

一五八七年、そのロバート・ダドリーの息子エドワードが、スペイン軍の捕虜となってしまった。

彼はもう命はないと覚悟したのか、あるとんでもない事実を告白をした。**「自分は、父ロバートと女王との間にできた子である」**と語ったのだ。

女王の息子だと言えば、命が助かると思ったためか、それとも彼自身、そう信じていたのかはわからないが、エドワードの告白がまったくの出まかせだとは否定できない部分も多い。

一五六一年、女王は一時、病に臥せったことがあった。これは、妊娠・出産を隠すための工作だった可能性もある。また、この病は水腫と伝えられ、当時、女王のお腹は異様に膨らんでいたという。

エドワードの告白を踏まえると、女王は実際には妊娠していたのではあるまいか。しかし女王という立場上、公に自分の子と認めることはできない。そこで、密かに父親ロバートに子を託したのかもしれない。

トプカプ宮殿に残された世界地図が明かす真実

コロンブスよりも先にアメリカ大陸を訪れた人物がいた？

世界の大陸の配置や詳細な海岸線は、十五世紀末に始まる大航海時代以降、ヨーロッパ人の航海によって少しずつわかっていったと考えられている。

だが、一九二九年、オスマン帝国のトプカプ宮殿の宝物庫から発見された**一五一三年制作の「ピリ・レイスの地図」**がそうした定説を覆した。

この地図は、オスマン帝国のアフメット・ムヒッディン・ピリ提督がスルタンに贈った世界地図のうちの一枚で、そこには**南北アメリカ大陸の東岸と、南極大陸が詳細に描かれていた**のである。

正確すぎる「ピリ・レイスの地図」のミステリー

この地図が描かれた時代は、コロンブスがアメリカ大陸を発見してから二十年後にあたるものの、まだ南北アメリカ大陸の輪郭は把握されていなかった。南極大陸もまだ発見されておらず、それらが配置された地図をヨーロッパの人間が描くことはできなかったはずなのだ。

それなのに、どうしてピリ提督は正確に描くことができたのか？ **制作にあたっては数枚の古い地図を元にしたといわれるが**、そうなると一五一三年以前に、南北アメリカ大陸を描くだけの科学知識と航海技術が存在したことになってくる。

鄭和艦隊はアメリカに到達していた!?

以降、古地図の出所を巡り様々な説が挙げられてきたが、近年、『1421 中国が新大陸を発見した年』（ソニー・マガジンズ）において、中国の鄭和（ていわ）艦隊と結びつけた仮説が発表され、世界的な注目が集まった。

明（みん）代の宦官（かんがん）・鄭和が行なった七回の南海大遠征のなかで、艦隊がアメリカ大陸に到達し、世界を一周したというのである。

この世界史を覆す定説を発表したのは、ギャヴィン・メンジーズというアメリカの地図研究家である。

彼はアメリカのミネソタ大学の図書館で、**一四二四年制作の地図**を発見したが、その地図にはヨーロッパの海岸線が正確に描かれ、はるか西の沖合いにサタナゼ、アンティリャ、サヤ、イマナという四つの島が記されていることに気づいた。しかし実際にはその位置に該当する島はないため、メンジーズは経度の誤りと仮定して、地図や文献と突き合わせ、サタナゼとアンティリャの二島をカリブ海のプエルトリコとグアダルーペであると考えた。

さらに、グアダルーペと仮定した地図上の島の近くに書き込まれていた「con」「ymana」という文字について、中世ヨーロッパ研究家のドス・サントス教授に相談した。教授は、この二つの単語の連なりを「火山が噴火する」と訳した。書き込みの位置には実際に三つの火山があり、一四〇〇〜一四四〇年に二度噴火していたことがわかった。

これらのことから、**この地図を作成した人物は、実際には一四〇〇〜一四二四年の間にカリブ海を訪れた**と推測できた。

そしてこの時期に大規模な航海を行なった人物こそ、明代の鄭和であった。

鄭和艦隊は、いつ世界一周したのか？

当時の明は海洋進出に力を入れており、第三代皇帝永楽帝（えいらくてい）の時代から第五代宣徳帝（せんとくてい）

の時代にかけて計七回にわたり、宦官（かんがん）である鄭和に大艦隊を託し、遠征に送り出している。その目的は諸説あるが、一般には諸国に明の国威を示し、朝貢貿易を各国にうながすためのものだったといわれている。

グアダルーペ島の噴火の時期に行なわれたのは第六回遠征で、メンジーズは、この航海の際に鄭和の艦隊の一部がアメリカ大陸へ至り、世界一周を達成したのではないかという。

確かに鄭和の艦隊は、コロンブスや、その十年後に世界周航を成し遂げるマゼラン一行の船団に比べてはるかに規模が大きい。船は全長約百五十メートル、幅約六十二メートルに達する大きさであったから、コロンブスやマゼランの船に可能だった世界周航を成し遂げられないことはないのだ。

そうした偉業が中国側の史書に記録されていない理由について、十五世紀中頃の政争において、宦官の台頭を警戒した役人たちによって焼き捨てられたのではないかとメンジーズは推測している。しかも**明は鄭和没後、海洋進出を止めて対外貿易や交流を制限する「海禁」政策を展開しており、鄭和の偉業が封印されたとしても不思議ではない。**鄭和がアメリカに到達していても、その証拠が焼き捨てられてしまった可能性が高いのである。

吸血鬼ドラキュラのモデルとされた男の最期

ヨーロッパには東欧を中心に古くから数多くの吸血鬼伝説があるが、最も有名なのがドラキュラであろう。

深い森に囲まれた古城に住み、夜な夜な人の生き血をすすって生きるドラキュラの物語は、十九世紀のアイルランドの作家ブラム・ストーカーの小説によって世界中で知られるようになった。このモデルとされるのが、十五世紀のワラキア公国に実在した君主ヴラド・ツェペシュである。

「串刺し好き」で悪名高い、残虐な支配者

ワラキア公国は現在のルーマニア南部に位置し、ヨーロッパ進出をもくろむオスマン帝国と隣り合っていたため、絶えず侵略の脅威にさらされていた。だがヴラドは、巧みな戦術と策略でオスマン帝国を何度も撃退し、ワラキア公国を守り抜いたのであ

る。ならば英雄として称賛されてしかるべきなのだが、世に語られる姿は、その逆であった。

ヴラドは並はずれた残虐性を持っていた人物で、少しでも気に入らないことがあると、容赦なく相手を処刑した。その際に好んで用いたのが串刺し刑。オスマン帝国との戦いにおいても、捕虜をことごとく串刺しにして並べ、オスマン軍を戦慄させたこともある。

そうした行ないから、ヴラド・ツェペシュは、**「串刺し公」、あるいは「悪魔の子」を意味する「ドラキュラ」**と呼ばれていたのだ。

確かに当時、捕らえた敵兵や罪人を串刺しの刑にすることは、珍しくなかった。だがその矛先(ほこさき)は味方にも向けられ、領民や家臣ばかりか、仲間の貴族や他国からの外交使節までが、ほんの些細なきっかけで串刺しの刑にされたのである。

「不慮の戦死」と思われていたが……

そんなヴラドの最期は、唐突に訪れる。

一四七六年、ヴラドはオスマン帝国との戦いの際、小高い丘から戦況を眺めているうちに、従者たちからはぐれてしまった。

"ドラキュラの城"として名高いルーマニアのブラン城

気がつけば周囲にはオスマン兵の姿しか見えない。絶体絶命の危機を迎えたヴラドは、オスマン兵の死体から服を引きはがして身につけ、敵の目をあざむきながら自陣へ戻ることができた。

しかし彼の命運もここまで。味方の兵たちはオスマン兵がやってきたと勘違いし、自分の君主を槍で突き殺してしまったのだという。

だが、**この不慮の戦死の真相は、反対派による暗殺だったのではないか**とまことしやかにささやかれている。

まず、戦闘の真っ最中に、君主がわざわざ丘の上まで登り、敵中でたった一人になるという状況が不自然だし、味方に槍で突かれて殺されたというのも、〝串刺し公〟に対する皮肉のように思われる。

誰に暗殺されてもおかしくなかった状況

その頃のワラキア公国は、内乱状態にあった。ヴラドの弟ラドゥが、オスマン帝国の後押しでヴラドを追放して公位につき、ヴラドは逃亡先のハンガリーで十二年も監禁されていた。

それでも、ラドゥの軍と戦って公位に返り咲いた、その直後の死だったのである。ヴラドの死後にワラキア公となったのも、かつてヴラドと公位を争って追放され、オスマン軍の支援を受けた一族の者であった。

また**ヴラドの最期については、馬を走らせていたところ、並んで走っていた側近に剣で頭部を斬**(き)**りつけられて死んだという説**もある。

これまでの経緯から、ヴラドが多くの人々の恨みを買っていたことは間違いないので、有力者たちが手を組んで彼を暗殺した可能性は高い。

残虐の限りを尽くし多くの血を大地に吸わせたヴラドだが、実際に彼が人の血を吸ったという言い伝えはない。

それでもドラキュラの城といわれるブラン城に、観光客の姿は絶えない。

第2章

その"事件"は仕組まれていた?

黒すぎる「陰謀」のミステリー

未曾有の海難事件

タイタニック沈没にまつわる、「浮かばれない噂」

二十世紀初頭、ヨーロッパとアメリカを結んで大西洋を横断する豪華客船ブームが絶頂を迎えるなか、一九一二年四月十四日、「絶対に沈まない」といわれていた豪華客船が乗客乗員二千三百人を乗せて初めての航海に出た。

その名前は「タイタニック号」。

この船がその後、どのような運命をたどったかはよく知られている。

千五百人を超える犠牲者を出し、多くの人々の運命を狂わせた悲劇であるが、実は故意に引き起こされたものだという噂がある。しかも、テロなどではない。**この事故を仕組んだのは、タイタニック号を運行するホワイト・スター社**であるという。

当時、経営難にあえいでいたホワイト・スター社

同社は一九一一年に豪華客船オリンピック号を建造したものの、八カ月の間に三回も事故を起こすという異常事態に見舞われていた。

なかでも、サウザンプトン湾での海軍の防護巡洋艦ホークとの衝突は、双方が大損害を被った。その上、責任はすべてオリンピック号にあるとされ、保険金が支払われず、たちまちホワイト・スター社は経営難におちいったのだった。

傷だらけの欠陥船オリンピック号で金を稼ぐため、同社は一計を案じる。**オリンピック号に最小限の修理を施し、別のまだ新しい無事故の船とすり替える。**保険会社を騙し、新船に偽装したオリンピック号に莫大な保険金をかける。そして就航時に事故を起こさせ、保険金を詐取しようと考えた。**その別の船こそがタイタニック号**であった。実際にホワイト・スター社は、タイタニック号事故で莫大な保険金を得ている。

姉妹船とのすり替えか？　疑わしすぎる偶然の数々

この黒い噂を裏付ける、いくつかの根拠がある。

まずは、**オリンピック号とタイタニック号が外観も内部構造も酷似していた**という点である。そもそも両船は、同じ北アイルランドの造船所のドックで建造された姉妹船だったのだ。

ドックで修理と製造を行ないながら入れ替えるのに、これほど好都合な条件はない。しかも両船とも設計図を紛失しているという事実も、疑惑をより深めている。

同社の実質的オーナーが、「乗船を直前にキャンセル」

次に、ホワイト・スターの親会社の国際海運商事などを擁する、アメリカの大財閥総帥J・ピアポント・モルガンの不審な行動にも注目したい。

実質的なオーナーであったモルガンは、前年に行なわれたタイタニック号の進水式で乗船を表明しながら、直前に病気を理由にキャンセル。予定していた美術品コレクションの輸送も行なっていない。**事故当日はフランスの海岸で愛人と過ごしていたのである。**しかも、出航直前にモルガンの友人ら五十人も乗船を取りやめていた。

こうした行動からモルガン自身、タイタニック号で事故が起きることを知っており、彼こそタイタニック号沈没を仕組んだ張本人ではないかというわけだ。

かくしてタイタニック号として航海に出たオリンピック号は、当日の朝から氷山を警告する情報を通信士が受け取っていたにもかかわらず、最高速度で航行するという不可解な行動を続け、夜、氷山に激突することとなる。

ただし、故意の事故とはいえ、ホワイト・スター社には、これほどの人的な損害を出す意図はなかったのだろう。少し船体をこする程度にとどめ、小さな事故に抑えようとしたのだが、運悪く側面を氷山にぶつけたことで、想定外の大惨事になったとい

姉妹船オリンピック号（左）と並ぶタイタニック号（右）

う。

　廃船やむなしと思われていたオリンピック号は、その後、どうなったのだろうか？

　八カ月の間に三回という事故履歴を持ちながら、その後の二十三年間は一切事故を起こすことなく、航海を続けたばかりか、第一次世界大戦で重用されて兵員輸送に活躍している。しかし、このオリンピック号こそが本来のタイタニック号であったのならば、この劇的な変化も合点がいく。

　タイタニック号は禁断の秘密を抱えたまま、大西洋の冷たい海で朽ちていこうとしている。

ハプスブルク家を絶望させた

オーストリア皇太子が心中した「マイヤーリンク事件」の裏側

一八八九年一月三十日、オーストリアのウィーン郊外のハプスブルク家の狩猟館マイヤーリンクで、銃声が鳴り響いた。オーストリア皇太子ルドルフと男爵令嬢マリー・ヴェッツェラがピストルで心中したのである。

この事件は「マイヤーリンク事件」として当時のヨーロッパを騒がせ、のちにこの事件を題材として、フランス人作家クロード・アネが小説『うたかたの恋』を執筆。映画やドラマをはじめ、舞台化もされた。

若き皇太子は、なぜ女性とともに命を絶ったのか

オーストリアの皇太子がなぜ心中したのか?

その背景については、当時から「許されぬ恋を貫くためだった」「別れ話を切り出されたマリーが、皇太子を殺害した後で自殺した」など、様々な憶測が飛び交った。

ルドルフは一八八一年にベルギーの王女ステファニーと結婚。娘も誕生したが、性

格の不一致から二人の仲は冷え切っていた。結婚五年目にしてルドルフが性病に感染すると、さらに夫婦関係は悪化した。

そして、ルドルフは一八八八年に**下級貴族の娘マリー・ヴェッツェラ**と知り合う。

当初はマリーが一方的にルドルフに夢中になっていたが、やがてルドルフもマリーに惹かれ、ついにはステファニーとの離婚を認めてもらうための書簡をローマ教皇へ送るほどになった。

しかし当然、ローマ教皇はこれを却下。しかも不許可と回答した書簡を、ルドルフではなく父帝フランツ・ヨーゼフ一世に送ったため、事情を知った皇帝は激怒した。

やがてルドルフはうつ状態に悩むようになり、自殺願望を強めていったという。

こうした経緯から、マイヤーリンク事件は、神経過敏で虚弱体質だったルドルフが、酒と女に溺れ、自殺願望に取りつかれた末の心中だったと結論付けられている。

◉最後の皇后による証言で判明した「新事実」

しかし、**一九八三年、オーストリア＝ハンガリー帝国最後の皇后ツィタが、ルドルフは暗殺されたと新聞に発表**し、九十年前の事件の結末に再びスポットライトが当てられた。

ツィタの主張によると、彼女の夫で最後の皇帝となったカール一世は、当時、皇帝フランツ・ヨーゼフ一世からルドルフが暗殺された証拠を見せられ、ルドルフの名誉回復をはかるべく、真相解明を頼まれたが、第二次世界大戦などでそれができず、発表が遅くなったというものだった。

ツィタによれば、**二人が死んでいたマイヤーリンクの部屋の壁には、弾痕や血痕が多く残り、家具がひっくり返るなど激しく争った跡があった**という。

さらに、ルドルフの遺体を見た皇帝の義妹のルートヴィヒ大公妃や母后エリザベートの兄ブルボン・パルマ公が、**ルドルフの右手が破壊されていた**ようだと証言した。後者に至ってはサーベルで切り落とされていたと語ったという。

愛人との心中か、それとも政治的な暗殺か

では、暗殺だとすれば、誰がなぜルドルフを殺したのか？

実は、ルドルフは母エリザベートにより自由主義思想の影響を強く受け、君主制やカトリック教会を痛烈に非難する記事を新聞に投稿するといった活動を行なっていた。

そのため、オーストリア貴族の多くを敵に回しており、父親である皇帝とも深い軋轢が生まれていた。

さらに、国外にもルドルフを快く思わない人々がいた。当時のオーストリアはプロイセンによるドイツ統一戦争のなかで普墺戦争に敗れたのち、成立したドイツ帝国との和解を進めていた。

しかしルドルフのドイツに対する不信は強く、父の親独方針にも反対していた。こうなると**当時のドイツの宰相ビスマルクにとっても、邪魔な存在**となっていたのだ。

このように状況証拠のみならず、他殺をうかがわせるだけの周囲の人々の動機は確実に存在するのだ。はたしてルドルフとマリーの死は本当に心中だったのか？　それとも暗殺だったのか？

事の真相は今も謎のままだが、ツィタ皇后の証言の検証が進むなか、二〇一五年にまたも新たな発見があった。

マリーが死ぬ前にウィーンの銀行に預けていた革の書類入れから、彼女の遺書が発見されたのだ。そこには「**私は愛に逆らえない。生きているより死んだほうが幸せ**」と綴られていた。やはりその願い通り、二人はともに天国へと旅立ったのかもしれない。

ユグノー戦争を終結させた名君

アンリ四世の暗殺事件には、やはり黒幕と共犯者が？

カペー朝、ヴァロワ朝、そしてブルボン朝と続いた歴代のフランス王朝のなかで、最も国民に親しまれていて人気の高い国王が、十六世紀末に即位したブルボン王朝の初代国王アンリ四世である。

フランスで最も愛された王が、狂信者の刃に倒れる

当時のフランスでは、カトリック教徒とユグノーといわれる新教徒が対立し、血で血を洗う戦いが繰り広げられていた。

ブルボン家の出身で苦難の末に王座についたアンリ四世は、一五九八年にナントの勅令(ちょくれい)を出すと、「フランスの国教はカトリックだが、新教徒にも完全な信仰の自由を認める」と宣言した。これによって、双方の信仰が認められたことになり、長きにわたった内戦は終結したのである。

アンリ四世は疲弊(ひへい)した国土の回復に努め、産業を保護し、荒廃したパリの街を整備

し、その功績と闊達な人柄で、広く人民にも愛された。

ところが一六一〇年五月、重臣の見舞いのためルーブル宮を出た際、狂信的なカトリック教徒の男に襲われ、四輪馬車の外から右の頸動脈をひと突きされて、命を落としたのである。

"黒幕説"がささやかれることとなった理由

すぐさま取り押さえられた男は、自身の単独の犯行であることを主張したまま処刑された。だが、これにて一件落着とはならない。この暗殺事件には、陰で糸を引いた黒幕がいるとささやかれた。

その根拠は、当日の**異様に手薄な警備**である。

国王の外出の際には必ず護衛につくはずの衛兵隊がおらず、併走するはずの供回りの騎兵も、アンリ四世の馬車からずっと後方へ引き離されていた。

しかも、王の馬車が狭い路地に入ったところで、前方に二台の荷車がやってきたため、従者はそれをよけさせようとして王のそばを離れてしまう。ちょうどそのとき現われた男が、馬車の外から王を刺したのである。

だが、四輪馬車の外側から急所に狙いを定めるのは難しい。王の行動やその場の状況を、あらかじめ事細かに把握していなければできないことである。

そのため、**王のごく身近にいた者が王の行動を計算しながら綿密に計画を練り、それを実行させた**と考えられた。

真っ先に〝疑いの目〟が向けられた人物は――

この事件の**本当の犯人は、**誰あろう、**王妃マリー・ド・メディシス**だという噂が、早くからパリに流れた。

アンリ四世とマリーは、ひどく仲が悪かった。マリーはイタリアの大富豪メディチ家の出身。メディチに莫大な借金をしていたアンリ四世は、マリーとの結婚によってそれが帳消しになり、しかも持参金が手に入るというので結婚したのだ。

当時の王侯の婚姻は政略結婚が一般的であったため、国王が愛人を持つことに寛容であったが、アンリ四世はことに好色で大勢の愛人を抱え、一方のマリーは並はずれて嫉妬深く、夫の行動につねに苛立(いらだ)っていたという。

しかもアンリ四世は、暗殺される直前に、マリーの王妃としての戴冠式を行なっている。これによって彼女は、王が不在だった場合や次期国王がまだ幼い場合に、摂政として統治権を手にすることができるようになった。そしてこの戴冠はマリーの強い

マリーの摂政就任を描いた『アンリ四世の神格化とマリーの摂政宣言』

希望によって実現したもので、あまりにタイミングがよすぎた。

かくしてアンリ四世の死後、アンリ四世とマリーの息子がルイ十三世として王位につくと、マリーはその摂政として長く実権を握ることとなった。

女たちの恨みを買っていたアンリ四世

また、**前王妃のマルグリット**も暗殺に加担していたという説もある。

マルグリットは先の王家ヴァロワ家出身で、カトリーヌ・ド・メディシスとアンリ二世の娘。兄にはフランソワ二世とシャルル九世、アンジュー公アンリ（のちのアンリ三世）がいる。アンリ四世にとっては王位に近づく政略結婚の相手だったが、アンリが王位につくと、もう用はないとばかりに離縁されていたのである。

さらに**愛人のアンリエット・ダントーラ**までが、計画に加わっていたという説さえある。アンリは多くの愛人の間を行き来し、ないがしろにされたアンリエットは恨みを抱いていたというのだ。

つまり、復讐と同時に権力を握りたい王妃たる妻、復讐に燃える元王妃たる前妻、そして愛人によってアンリ四世は葬り去られたことになるが、はたしてどうだろう。

憐れなアンリ四世の〝首〟の行方

時代は下って、十九世紀のこと。**サン・ドニ聖堂に葬られていたアンリの遺体から、首がなくなっていることが発見された。**どうやらフランス革命の混乱のさなかに、盗み出されたらしい。

その後、アンリの首とおぼしきものが古美術商の間で売りに出され、持ち主の間を転々としたのち、二〇一〇年、ポワンカレ大学の法医学チームが、これがアンリ四世の首であると発表したが、その首はまだ歴代国王の眠るサン・ドニ大聖堂へは戻っていない。国民に愛された王といえども、安らかに眠ることはなかなかできないようだ。

皇位継承者夫妻が銃弾に倒れる

第一次大戦の引き金「サラエボ事件」はなぜ起こったか

一九一四年六月二十八日に起きたサラエボ事件は、サラエボを訪れていたオーストリアの皇位継承者フランツ・フェルディナント大公が、妻ゾフィとともに、南スラブ解放を目指すセルビア人の青年によって銃弾を浴びせられて死亡した事件だ。

事件ののち、オーストリアはセルビアに宣戦布告すると、ドイツ、ロシアが参戦。さらにイギリス、フランスも加わって未曾有の世界大戦へと発展する。

実はこの事件には、大きな疑惑がささやかれている。なんと事件の裏で、大公の母国であるオーストリアが糸を引いていたのではないかというのだ。

セルビア人過激組織の青年による暗殺事件

暗殺事件の主犯は、十八歳のセルビア人ガブリロ・プリンツィプというのが定説だ。

彼は、**オーストリア領へと編入されたボスニアを解放することを目指すセルビア人**

過激組織「黒い手」のメンバーだった。

とはいえ、彼らの目的はボスニアを独立させることではない。ボスニアにはセルビア人が多く、彼らはバルカン半島のセルビア人を統合して、「大セルビア」を実現することを狙っていたのである。

オーストリアは、この事件の一カ月後、セルビアに対して宣戦布告し、これをきっかけに、ヨーロッパ列強を二分する第一次世界大戦へと突入していくのである。

皇位継承者夫妻は、宮廷内でうとまれていた？

しかし、事件が起きたのはボスニアであって、セルビア国内ではない。この事件によってオーストリアがセルビアに宣戦布告する理由はなかったのだ。

そこから、**セルビア政府を潰そうと開戦の口実を探っていたオーストリアが、宣戦布告のきっかけをつくるために、皇位継承者夫妻暗殺のシナリオを描いていたのではないか**という説が浮上しているのだ。

本来なら、自国の皇位継承者を暗殺させるなど、ありえない話だ。ところが皇位継承者フランツ・フェルディナントは、当時のオーストリアの宮廷内の多くを敵に回していたのである。

サラエボ事件の暗殺場面を描いた新聞の挿絵

皇位継承者であるにもかかわらず、彼が城で働いていた身分の低いゾフィ・ホテクと恋に落ち、周囲の反対を押し切って強引に結婚してしまったからだ。

誇り高いオーストリアのハプスブルク家にとって、皇位後継者の妻は、カトリック教国の王女か、自国の最上級貴族出身でなければならなかった。しかし、ゾフィは、古い家柄の伯爵令嬢ではあったものの、すでに落ちぶれていた、非常に貧しい家の出身だったのである。

そのため、フランツ・フェルディナントが皇帝になっても、ゾフィは皇妃にはなれず、二人の間に生まれた子供は皇位継承権も得られないという厳しい状況に置かれることになった。

そうした背景から、ゾフィは夫とともに公務に携わることも許されてはいなかったのだが、このボスニアへの視察だけは同席を許されていたのである。

危険な地域に「対策もなく送り出した」のはなぜか?

当時のバルカン半島は民族運動が活発で、「ヨーロッパの火薬庫」と呼ばれるほど政情が不安だった。

そうした情勢下での視察は非常に危険で、実際、セルビア政府からオーストリア政府に対し、テロ組織がフランツ・フェルディナント暗殺を計画している可能性があるという警告も発せられていたのだ。

しかし、**オーストリア側は何一つ対策を行なわず、夫妻を送り出し、危惧されていた通り、あっさり暗殺されてしまった。**これはあまりにも不自然だ。

はたして皇位継承者暗殺の裏には、セルビアとの開戦と邪魔者の排除という願いを一度に実現するという、一挙両得を狙ったオーストリアの陰謀があったのか?

もし陰謀だったとして、この事件を計画した人物は、まさかこの事件がヨーロッパを未曾有の惨禍に引きずり込むことになるとは、夢にも思っていなかっただろう。

サラエボ事件を巡る思惑
フランツ・フェルディナントをセルビア人に殺させれば、セルビアに宣戦布告するきっかけができる！
バルカン半島を巡る対立
露
墺
ニコライ2世
ロシア皇帝
フランツ・ヨーゼフ1世
オーストリア皇帝
支援
セルビア王国
帝国の統治方針と、ゾフィとの結婚を巡って対立
1914年6月28日
暗殺！
フランツ・フェルディナント

中国統一を目前にしての死

血みどろの後継者争いか？宋の太祖・趙匡胤の死の謎

九六〇年、後周の世宗が亡くなると、代わって政権を握ったのは軍人の趙匡胤だった。彼は同年、世宗の子から禅譲（帝王がその位を世襲せず、有徳者に譲ること）を受け、宋を建国したのである。

なぜ、弟は兄の命を狙ったか

ところが九七六年、中国統一目前というところで、趙匡胤は亡くなる。まだ五十歳であったことに加え、急死であったことから、その死についてある噂がつきまとった。それは、**趙匡胤は、その座を狙った趙匡義に暗殺されたというもの**である。

趙匡義は、趙匡胤の同母弟である。王座を狙い、兄弟同士で殺し合うことも珍しくはなかったが、そうしたケースは、兄弟とはいえ異母兄弟の場合が圧倒的に多い。

もちろん同母兄弟のケースもないわけではないが、それまで趙匡胤と趙匡義は互いに力を合わせて、南方の国々を統合してきた。趙匡胤も弟の賢さをよく理解し、重用していた。二人の関係はうまくいっていたと見られていたのだが……。

趙匡胤はいかにして死の時を迎えた？

趙匡胤の死の瞬間については、二つの説が伝わる。

一つは、僧・文瑩（ぶんぽう）の『湘山野録（しょうざんやろく）』に記されたもの。

ある夜、**趙匡胤は、人払いをして趙匡義と二人で酒を飲んでいたが、翌朝、死んでいたというものだ。**

その記録によると、宴が進んだ夜中、趙匡義が何かを固辞（こじ）する声が聞こえ、その後、雪を斧（おの）で叩く音が響いたという。そして趙匡胤が、「こうするのだぞ！」と叫ぶ声が響いたとされる。

そのまま静寂が訪れると、やがて趙匡胤のいびきが聞こえ、翌朝の死を迎えたという。もともと病気がちで死を覚悟した趙匡胤が自ら趙匡義を呼び寄せて、密かに後を託したという説もあるが、はっきりしない。

もう一つは、**病床の趙匡胤が、息子たちを呼び寄せるために密使を送ったが、その密使は趙匡義によって妨害され、息子たちに知らせは届かず、結果、趙匡義が趙匡胤の最期をみとったというものだ。**

どちらの説にしても、趙匡胤は息子に後を託すことはできず、また趙匡義を後継に指名した正式な書類なども何もなかったということだ。

「後継は弟に」という母の遺言は本当か

表立って趙匡義の即位を非難する者はいなかったが、この不自然な即位への疑念は噂の的となった。実際、慣例では前皇帝が亡くなっても、先代の皇帝に敬意を表するためにしばらく改元しないのがしきたりであったが、趙匡義は即位後、すぐに改元している。

まるで、前皇帝の影を少しでも早く消し去りたいかのようだ。

ただ、**趙匡義側は、自分が即位したのは母の遺言にもとづくものだったと主張**し、批判を一蹴している。

趙匡胤・趙匡義兄弟の母である杜太后(とたいこう)は、若輩者が後を継ぐと他国に隙をみせるとして、趙匡胤に息子ではなく、弟の趙匡義に後を継がせるように言い含めていたという。

確かに乱世ではそうした現実的な生き残り策が必要だったのかもしれないが、真相は闇のなかである。

兄弟、親子間に闇が!?―趙匡胤の死を巡る謎

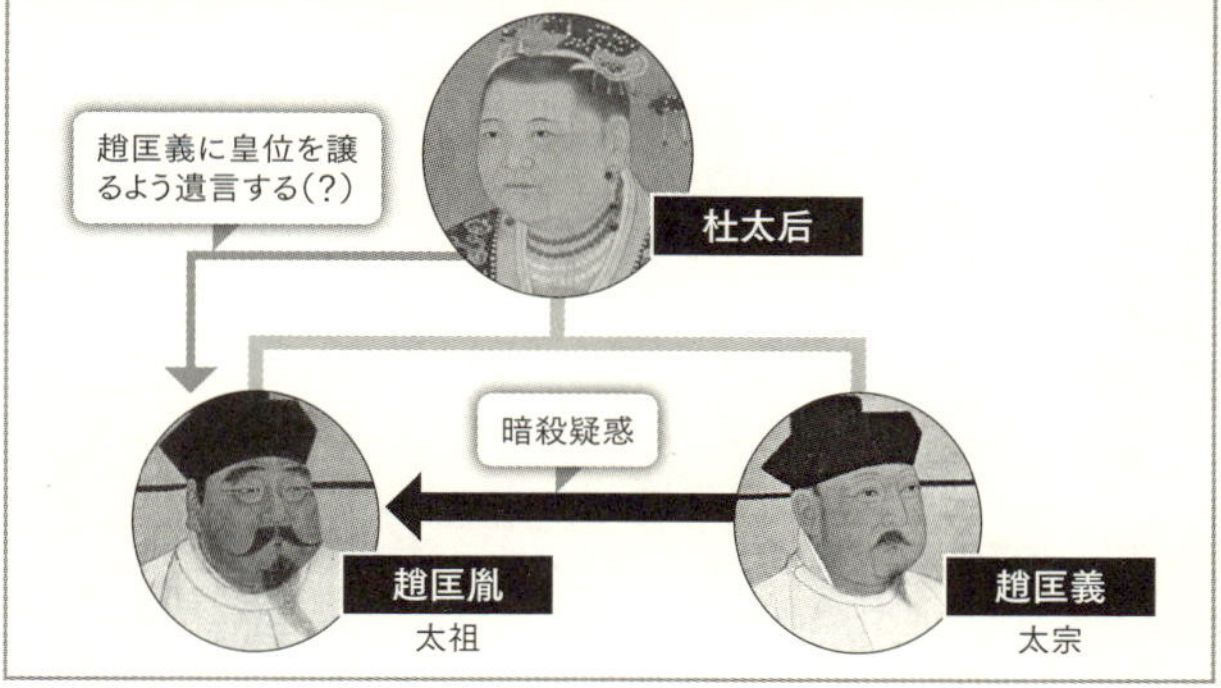

杜太后

趙匡義に皇位を譲るよう遺言する(?)

暗殺疑惑

趙匡胤
太祖

趙匡義
太宗

宋による中国統一はこの趙匡義によって成し遂げられる。

しかし、この統一事業の裏側で趙匡胤の二人の子が、歴史の舞台から退場を余儀なくされている。九七九年には長子の徳昭が自害へと追い込まれ、また、もう一人の子である徳芳も、二十三歳の若さで九八一年に没しているのだ。

ともに有力な後継候補であったから、自身の地位、もしくは自分の子の地位を脅かす存在として趙匡義が始末したとも考えられなくはない。

この二人の子の死が、趙匡義が隠したかった趙匡胤の死にまつわる真相を物語っているのではなかろうか。

ロンドン塔に消えた二人の王子

エドワード五世とヨーク公リチャード 暗殺の〝真犯人〟に迫る！

イギリス（イングランド）で繰り返された王位継承争いに関する事件のなかでも、最大のミステリーとなっているのが、エドワード五世とその弟ヨーク公リチャードの失踪事件である。

一四八三年五月、ロンドン塔に幽閉された彼らは、その後、いつの間にか姿を消し、誰もその行方を知らない。〝暗殺された〟と噂されるものの、その証拠はなく、暗殺を命じた人物さえもはっきりしていない。真相は闇のなかのままなのだ。

突然、ロンドン塔で消息を絶った幼い二人

エドワード五世とヨーク公リチャードの兄弟は、バラ戦争を終結させたヨーク朝のエドワード四世の息子たちである。彼らにとっての悲劇の始まりは、父のエドワード四世の死に始まる。のちに即位するエドワード五世がまだ十二歳のときに、父王が死去してしまったのである。

父王の死後、エドワード五世は十三歳で即位。しかし少年王は、すぐさま叔父のグロスター公リチャード（リチャード三世）に王位を簒奪（さんだつ）され、九歳の弟とともにロンドン塔に幽閉されてしまった。その後、四カ月くらいは二人の姿が塔内で目撃されていたが、同年九月の目撃情報を最後に、消息を絶ってしまう。

それから二百年の歳月が流れた一六七四年、ロンドン塔の地下から二つの頭蓋骨が発見された。その形状から少年のものと判断された。さらに時を経た一九三三年には、ウェストミンスター修道院から二人の王子と思われるような遺骨が発見された。

これらの頭蓋骨や遺骨が二人の王子のものと断定されてはいないが、二人の王子は暗殺され、ロンドン塔かウェストミンスター寺院のいずれかに埋葬されてしまった可能性が高い。

誰が二人の王子を暗殺したのか？

もし二人が暗殺されたのなら、暗殺の主犯として最も疑わしいのは誰か。

やはり多くの人がリチャード三世と見るだろう。確かに、のちにヘンリー七世の大法官を務め、『ユートピア』の著述で知られたトマス・モアは、リチャード三世首謀説を主張している。

一方、**本当の黒幕はヘンリー七世だった**という説もある。エドワード五世から王位を奪ったリチャード三世だが、その治世期間はわずか二年。ボズワースの戦いで彼を討ち、王位を奪ってテューダー王朝を新たに築いたのがヘンリー七世だ。

リチャード三世の即位時、彼はフランス北部のブルターニュに亡命中で、リッチモンド伯ヘンリー・テューダーと呼ばれていた。彼はヨーク家と王位を巡って争ったランカスター家の分家筋で、虎視眈々とイングランド王位を狙っていたのである。

かくして王位を奪ったヘンリー七世であるが、その立場はあくまで簒奪者に過ぎない。エドワード五世の姉エリザベスを妻としていたものの、これを即位の根拠とすると、エドワード五世のほうが、継承順位が先になってしまう。

そこで**ヘンリー七世は、リチャード三世を悪役に仕立てて倒し、目障りなエドワード五世とヨーク公リチャードを始末した**というわけだ。

トマス・モアが事件発生から三十年も経ってから、リチャード三世首謀説を声高に叫んだのも、ヘンリー七世のためだったとも考えられないだろうか。

王子たちは幽閉後、どうなったのか？　忽然と姿を消した王子たちの足取りを伝えるものは何もない。二人の王子は自分たちの死を理解できていないのか、その亡霊が今も手を携えてロンドン塔をさまよい歩く姿が目撃されるという。

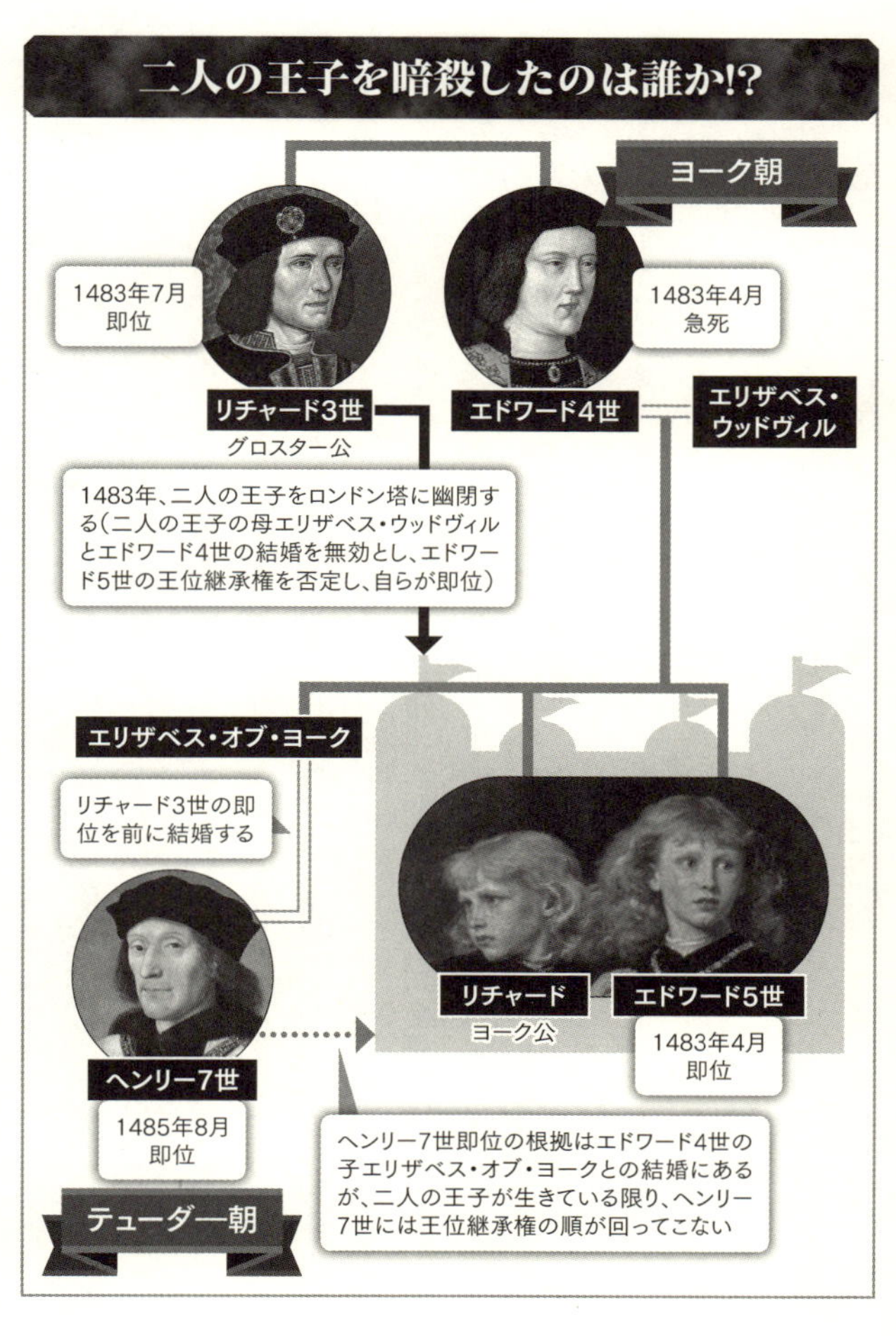
二人の王子を暗殺したのは誰か!?
ヨーク朝
1483年7月
即位
1483年4月
急死
リチャード3世
グロスター公
エドワード4世
エリザベス・
ウッドヴィル
1483年、二人の王子をロンドン塔に幽閉する(二人の王子の母エリザベス・ウッドヴィルとエドワード4世の結婚を無効とし、エドワード5世の王位継承権を否定し、自らが即位)
エリザベス・オブ・ヨーク
リチャード3世の即位を前に結婚する
リチャード
ヨーク公
エドワード5世
1483年4月
即位
ヘンリー7世
1485年8月
即位
ヘンリー7世即位の根拠はエドワード4世の子エリザベス・オブ・ヨークとの結婚にあるが、二人の王子が生きている限り、ヘンリー7世には王位継承権の順が回ってこない
テューダー朝

豪華飛行船が一瞬にして炎上

ヒンデンブルク号の事故は、反ナチスによる陰謀か？

一九三七年五月六日、ドイツの豪華飛行船ヒンデンブルク号が、アメリカ合衆国ニュージャージー州のレイクハースト空軍基地に着陸しようとしていたときのことだった。突如船尾から火の手があがったと思うと、瞬く間に燃え広がり、全長二百四十五メートルもの巨大飛行船は紅蓮（ぐれん）の炎に包まれながら墜落。骨組みを露（あら）わにしてわずか四十秒で燃え尽き、乗客乗員九十六名のうち三十四名と地上作業員一名が亡くなった。

ナチスの〝権威の象徴〟だった飛行船

ヒンデンブルク号の被害を大きくした一因に、燃えやすい水素を浮力として用いていた点がある。もし水素ではなくヘリウムを用いていたら、被害の大きさが違ったかもしれない。

しかし当時、アメリカはドイツがこの飛行船の技術を軍事利用することを警戒して、アメリカでしか産出されないヘリウムの輸出を禁止していた。

レイクハースト空軍基地上空で爆発・炎上するヒンデンブルク号

二十世紀初頭、飛行船という新たな交通機関の技術をいち早く発展させたのが、ドイツの伯爵フェルディナンド・ツェッペリンである。

彼がたび重なる失敗を乗り越えて商業飛行を成し遂げると、飛行船は軍事にも利用され、第一次世界大戦ではロンドン空爆に用いられている。

戦後になると、一九二九年、グラーフ・ツェッペリン号が世界一周を実現させる。一九三三年に政権を手に入れたナチスは、事故の前年に開催されたベルリン五輪でも飛行船を披露し、積極的に自国の高い飛行船技術を政治利用している。

そのためヒトラーにとって、ナチス権威の象徴ともいうべき飛行船が、アメリカで事故に遭ったことを相当悔しがったことは想像にかたくない。アメリカ大統領フランクリン・ルーズベルトから送られた弔電が、むしろアメリカへの憎悪をかき立てたといわれる。

夢の乗り物に悪夢をもたらしたのは、反ナチス勢力か？

世界を取り巻く世界大戦の影、それにともなうアメリカとドイツ両国の関係が、使用する燃料に影響を与え、不運な事故につながったヒンデンブルク号の悲劇。そもそもなぜ、飛行船が突如として燃え上がったのか。

その原因は、落雷や静電気などといわれているが、映像を検証してもそれらしき様子は認められず、実際のところ原因はわかっていない。

そうしたなか、一つの可能性としてまことしやかに噂されているのが、反ナチス勢力による陰謀である。

人的被害を最小限にしつつナチスの鼻を明かすため、反ナチス勢力が、ドイツが誇る最先端の飛行船に、ひそかに起爆装置を仕掛けたというのだ。多くの見物客が見守るなかで飛行船が爆発炎上しようものなら、技術力を喧伝してきたナチスの威信は大きく低下する。

しかし、もし反ナチス勢力が、ヒンデンブルク号を狙ったのだとしたらとんだお門違いである。ツェッペリンの飛行船製造会社は、ドイツ国内で最後までナチスに抗う立場をとっていたのだ。

ツェッペリンに才能を見出され、ツェッペリンとともに飛行船を世界との友好目的に発展させてきた、同社の顧問のフーゴ・エッケナーに関しては、ヒトラーの台頭に危機を感じていた当時の大統領ヒンデンブルクが、自分の後継者にしようと考えたほどの人物だった。実際にエッケナーは、事故に対する怒りをアメリカではなく、ナチスに向けている。

真相は闇のなかだが、飛行船炎上事故は、第一次世界大戦の敗戦で貧しさに苦しむドイツ庶民に希望を与えたツェッペリンを、引退に追い込むきっかけとなった。

まもなく第二次世界大戦が始まると、ツェッペリンの飛行船はすべて軍用機の材料に転用されてしまう。また事故によって飛行船への信頼が崩れ、官民ともに空の移動手段は飛行機へと移っていくことになる。

アメリカ建国——その背後につねにフリーメイソンの存在

十八世紀初め、イギリスの首都ロンドンで、中世の石工組合を起源とした国際的友愛団体が誕生した。その名をフリーメイソンという。

道徳と理性による個人の完成、社交と慈善を通じて人類と社会の完成を目指す市民結社である。その後、フリーメイソンの会員は、イギリスを中心にフランス、ドイツ、ロシア、アメリカなど全世界へ広がり、現在では約六千万人もの会員数を誇るといわれている。

"歴史的大事件"を引き起こしたのは——

このフリーメイソンは、結成以来、人類の歴史に多大な影響をおよぼしてきたと、まことしやかに噂されていることで有名だ。

たとえばフランス革命は、フリーメイソンの陰謀によって引き起こされたという説

「ホワイトハウス」の設計者ジェイムズ・ホバーンもフリーメイソンだった

がある。フランスの啓蒙思想家のダランベールやエルヴェシウスなど、多くの人物がフリーメイソンの会員だったからだ。

さらに国王ルイ十六世の従兄弟のオルレアン公もフリーメイソンで、彼は「フィリップ・エガリテ（平等公）」と名乗り、所有していたパレ・ロワイヤルの庭園を人々に解放するなど、民衆の側に立って行動した。

パレ・ロワイヤルには警察の立ち入りが禁じられたため、やがて革命家の社交場となり、一七八九年七月には、カミーユ・デムランによる「諸君、武器を取れ！」の演説の舞台となった。

しかしオルレアン公は、王族であることからフランス革命勃発後に逮捕され、ギロチンによって処刑されてしまう。その後はナポレオンの時代となると、ナポレオンの兄のジョゼフや弟のルイ、ジェロームもフリーメイソンの要職についていた。

●アメリカの初代大統領、「建国の父」ももちろん――

フリーメイソンの最大の功績といわれるのがアメリカ合衆国の建国だ。今やアメリカは世界の強国として君臨し、まさに世界を動かす存在となっている。

実は、**一七七六年に行なわれたアメリカの独立宣言の宣言書に署名した五十六人のうち、なんと五十三人がフリーメイソンの会員**だったのである。

さらに植民地軍を率いて独立戦争を勝利に導いたアメリカ合衆国初代大統領のジョージ・ワシントンも、駐仏大使としてフランスの援助を取りつけた「建国の父」ベンジャミン・フランクリンもフリーメイソン。

ワシントンの後にアメリカ大統領に就任したフリーメイソンの会員は、十五名とも十九名ともいわれているのである。

●一ドル紙幣に刻まれた〝明白な証拠〟!

他にも、フリーメイソンがアメリカ建国に大きく関係していた証拠は数々ある。

1ドル紙幣に隠されたメッセージ

たとえば一ドル札だ。上の図を見てほしい。

一ドル札には**裏面にピラミッドの絵柄があり、その頂点にフリーメイソンのシンボルである「プロビデンスの目」が輝いてい**るのである。

しかも、ピラミッドの上下にはラテン語の銘文が記されているのだが、その文字は上に「ANNUTT COEPTIS」、下に「NPVUS ORDO SECLORUM」。意味はそれぞれ「神は我らの企てを嘉（よみ）したまえり」と「世紀の新秩序」。都市伝説研究家の並木伸一郎氏は、これをアメリカ建国をフリーメイソンが企てた証拠であることを示しているという。

しかも、このラテン語の先頭文字と末尾

文字を結ぶ六芒星を描くと、「Ｍ・Ａ・Ｓ・Ｏ・Ｎ」という文字列が浮かび上がってくる。

表面に描かれている肖像画はジョージ・ワシントン。彼がフリーメイソンの会員だったことは、すでに述べた通りだ。

合衆国の首都ワシントンＤ・Ｃもフリーメイソンと関係が深い。実は、ホワイトハウス、議事堂、ワシントン記念塔の三つの建造物は、すべてフリーメイソンによって築かれたものなのだ。

もう一つ、ニューヨークにある自由の女神像には、完成当初、**「フランスのフリーメイソンがアメリカの独立を記念してフリーメイソンの同胞に贈った」**と記された石碑が附属していたという。

つまり、アメリカはフリーメイソンのモニュメントであふれていることになる。こうして見ると、アメリカはフリーメイソンが描いた図面に基づいて建国された国であり、様々な分野で要職につく約二百万人ともいわれるフリーメイソン会員の影響力が非常に大きいことはいうまでもない。

アメリカは、フリーメイソンが世界を主導するために生み出された国であり、その計画は今も進行中だといえるのではないだろうか。

それは本当に〝先制攻撃〟だったのか

「真珠湾攻撃」をアメリカは予測していた?

一九四一年十二月七日七時五十二分(現地時間)、日本海軍は、アメリカ太平洋艦隊の基地が置かれたハワイ、オアフ島の真珠湾を奇襲攻撃した。

当時のアメリカ大統領フランクリン・ルーズベルトは、多くの軍艦と軍用機が破壊された日本軍による真珠湾攻撃に対し、「歴史に残る不名誉な日」だと怒りの言葉を述べ、翌日、日本に対し宣戦布告をしたのである。

◉当時の大統領ルーズベルトが隠していた「本心」

こうしてアメリカは日本との太平洋戦争開戦によって、第二次世界大戦に参戦し、連合国軍の主力となっていくのだが、そもそも真珠湾攻撃が起こる前の時期のアメリカでは、イギリスの要請を受けてルーズベルトが参戦を強く望んでいたものの、世論では大西洋を隔てたヨーロッパで起きている戦争には介入すべきでないという風潮が強かった。それが真珠湾攻撃によって世論が一転し、参戦を後押しする民衆の声が一気に高まったのである。

つまり、日本の先制攻撃がアメリカ参戦のきっかけをつくったといえるわけだが、実は**ルーズベルトは事前に日本が真珠湾を攻撃することを知っていたのに、世論を参戦へと動かすために、それを回避する行動をとらなかったという説がある。**

陸軍長官が日記に記していた「黒すぎる会話」

それどころか、わざと日本を挑発し、先制攻撃をさせるよう仕向けたフシまである。

実際、陸軍長官のヘンリー・スティムソンの日記には、**真珠湾攻撃の十日前に、ルーズベルトと「米国を大きな危険にさらすことなく、日本から攻撃されるように仕向けるにはどうすればよいか」といった会話があった**ことが記されている。

その他にも、日本に先制攻撃をさせたがっていたことを裏付ける書類や個人の回想録が数多く存在しているのだ。

民主主義国家であるがゆえに、世論や議会の動きを無視して動くことができないアメリカ。もしかしたら、ルーズベルトは世論を動かすために、わざと日本に最初の一発を撃たせたのかもしれない。

真珠湾攻撃において、炎上するアメリカ太平洋艦隊の軍艦

アメリカが先制攻撃を受けた主な戦争

期間	戦争	経緯
1898年4月～ 1898年8月	**米西戦争**	メイン号爆発事件を機に勃発
1917年4月～ 1918年11月	**第一次世界大戦**	アメリカ人も乗っていたイギリス船籍ルシタニア号の撃沈を機に参戦
1941年12月～ 1945年8月	**太平洋戦争**	日本軍の奇襲攻撃である真珠湾攻撃を機に勃発
1961年11月～ 1973年3月	**ベトナム戦争**	北ベトナム海軍の魚雷艇によるアメリカ海軍の駆逐艦への魚雷攻撃(トンキン湾事件)を機に参戦
2001年10月～ 2007年6月	**アフガニスタン戦争**	9.11同時多発テロを機に勃発

米西戦争のきっかけも〝謎〟が残っている

アメリカが戦争を始める際、先制攻撃を受けた例は意外に多い。

一八九八年四月に始まったアメリカ対スペインの米西戦争は、一八九八年二月十五日に、キューバのハバナ港に停泊していたアメリカの戦艦メイン号が突如爆発し、二百六十人が死亡する事件が起きたことがきっかけだった。

メイン号は、一八九五年に起きた独立闘争以来、混乱状態にあるキューバで、アメリカ人の保護を目的としてハバナ港に停泊していたのだ。

この爆発は間もなく**スペインの機雷（きらい）攻撃によるもの**と断定され、アメリカ世論はスペインに対する批判で沸騰。スペインとの戦争へと突き進んでいったのだが、実はメイン号が機雷で爆発したという証拠はない。

一九一一年にアメリカ政府はメイン号を引き上げて原因調査を行ない、機雷による爆破だったと結論を出したが、一九七六年、この事件を再調査していた海軍関係者が、**「燃料用石炭の自然発火だった」**という説を公表した。さらに詳しい調査を行なえば真実は判明したのだろうが、アメリカはメイン号を再び海に沈めてしまったので、今も原因は謎のままとなっている。

第3章

迷信か、それとも……

戦慄が走る「呪い」のミステリー

二十二人もの関係者が次々に謎の死を遂げた

「ツタンカーメンの呪い」は、はたして本物だったか

一九二二年十一月四日、古代エジプト新王朝のファラオの墓が集中する「王家の谷」で、第十八王朝のファラオ・ツタンカーメンの墓が発見された。悲劇の少年王が三千二百四十年以上の眠りから目覚めた瞬間である。

黄金のマスクや黄金で飾られた副葬品が次々に出土したこの発掘は、「世紀の大発見」といわれ、世界的な注目を浴びる。しかし、この「世紀の大発見」は、後に「ツタンカーメンの呪い」という恐ろしい伝説を生むことになった。

考古学者のパトロンの〝変死〟から凶事は始まった

事の始まりは、ツタンカーメンの墓を発見したエジプトの考古学者ハワード・カーターのパトロン、カーナヴォン卿の死だった。

ツタンカーメンの墓が発見されたことで、カーナヴォン卿も世界的な名声を得ていた。そのカーナヴォン卿が、発掘から半年後の一九二三年四月六日に、突然亡くなっ

たのだ。

原因は、ヒゲを剃った際に蚊に刺された箇所を誤って傷つけてしまい、感染症を引き起こし、肺炎を併発したことだった。

さらに、その後、カーナヴォン卿の弟、専任看護師、カーターの秘書と助手、数人のエジプト学者と考古学者といった具合に**次々と王の墓の発掘に関わった人物が死亡し、なんとその数は二十人以上にもおよんだ**という。

しかし、これらの死は本当に呪いだったのか？　この恐怖の伝説は、ある〝ライバル〟による策略だったという説があるのだ。

発掘したカーター本人の身には、何も起こらなかったという謎

確かにツタンカーメン王の墓の発掘では、関係者の多くが死亡している。しかし、カーナヴォン卿の年齢は五十六歳と、当時としては、決して若いとはいえない。彼が王家の谷の暑さでかなり衰弱していたという背景もあった。この体力の低下が、病を悪化させ、彼を病死させたのだ。

石棺を開けた際に立ち会った人物は二十二人いるが、そのうち亡くなったのはわずか二人であり、ミイラの包帯を取り除いたときに立ち会った十人は誰も亡くなってい

ないのだ。そもそも、呪いを受けるなら最も強く恨まれそうなカーター自身に、何事も起こらなかったのは不自然だ。彼はその後も、約二十年にわたって発掘作業に携わり、六十四歳まで生きたのである。

実際、呪いで死んだとされる人は、ほとんどが高齢者か、持病があった人だった。

呪いの噂は「メディアによる印象操作」?

では、なぜ「呪い」などといわれるようになったのか? そこにはカーナヴォン卿が、発掘後にタイムズ社(ロンドン・タイムズ社)と独占契約を結んだこととの影響があるという。そのために、**自由に取材ができなくなった他のメディアから、恨みを買ってしまった**のである。

排除されたメディアの一つが、タイムズ社のライバルであるデイリー・メール社だった。

デイリー・メール社は、カーターのライバルだった考古学者のアーサー・ワイゴールを特別記者として雇い、ツタンカーメン王墓についての記事を書かせた。そしてワイゴールは、その記事で**ライバルをおとしめ、読者の興味を惹きつけるために、「呪い」の話を盛り込んだ**のである。

ツタンカーメンの黄金の棺。墓とともに開放された呪いが人々を襲ったという

そもそも「ミイラの呪い」の伝説はそれ以前からも存在していた。

始まりは一八二一年にロンドンのピカデリー・サーカス近くでミイラの包帯を取り外すショーがあり、これを見た小説家ジェーン・ラウドン・ウェッブが『ミイラ』というスリラー小説を書いたことだった。ワイゴールも、この話を元にツタンカーメンの呪いの話を思いついたようで、他のメディアもこぞって呪いの話を報道したのである。

とはいえ、この呪いの噂のおかげで、ツタンカーメンの墓がよりミステリアスな存在として世界中に広まったのは確かである。呪いの伝説が、大きな宣伝効果を発揮したともいえるだろう。

所有者の身を滅ぼさせる

マリー・アントワネットも犠牲に？「青いダイヤモンド」

人々を美しい輝きで魅了してきた宝石には、所有者を不幸におとしいれる呪いの噂が伝わるものもある。

なかでもダイヤモンドは、古代ローマ時代の博物誌家の大プリニウスがすでに**「征服されないもの」**と表わしているように、特別に不思議な力があるようだ。

人々の欲望を掻き立て、破滅に追いやるダイヤモンド

そうしたダイヤモンドの一つが「コ・イ・ヌール（ヒンディー語で「光の山」）」だ。

無事に身につけられるのは神と女、男が所有すると最も不幸な災難に見舞われるというこのダイヤモンドは、ムガル帝国初代皇帝バーブルがインド北部の有力者から奪ったことからその呪いが始まる。

一七三九年にムガル帝国に侵略したアフシャール朝の初代君主ナーディル・シャーは、念願のダイヤを手に入れると、間もなく暗殺され、その子であるシャー・ルクは

拷問で両目を失った。その後、「コ・イ・ヌール」は、アフガニスタンの王の手に渡ったが、王の没後には王子たちの骨肉の争いが展開された。やがて、インドを手中に収めた大英帝国のヴィクトリア女王の手に渡っている。

ヒンドゥー教の寺院の神像に嵌められていたダイヤ

また、「青いダイヤモンド」は、負のエネルギーで所有者の人生を狂わせるともいわれている。そのことを実証している世界最大の青ダイヤの犠牲者の一人が、フランスのルイ十六世の王妃マリー・アントワネットだ。

彼女が、国費を浪費したことで民衆の怒りを買い、断頭台の露と消えたことはよく知られているだろう。革命は起こるべくして起こったともいえるが、アントワネットが気に入っていた青ダイヤは、入手のいきさつからして、いわくつきだ。

この青いダイヤは、ルイ十四世が宝石商人のタヴェルニエから買い、ルイ十四世の愛人モンテスパン侯爵夫人などの手を経て、アントワネットが受け継いだものだ。

元は、インドのヒンドゥー教の古い寺院に祀られていた神の像の目として嵌められていたが、寺からものを持ち去れば恐ろしい不幸が起こると警告されたにもかかわらず、タヴェルニエがこれを盗んだのだという。

青いダイヤの呪いは、すぐに発動したようだ。購入後にまもなくルイ十四世が病死。モンテスパン夫人も身につけるや苦しんで倒れたほか、アントワネットの所有となったあとも、アントワネット当人はもちろん、彼女から度々借りていたランバル公妃も、革命軍によって八つ裂きされるという壮絶な最期を遂げている。

「ホープダイヤモンド」と名を変え、多くのセレブを不幸に

青ダイヤの呪いは、フランスで王朝を滅ぼしただけでは終わらない。

一八三〇年頃、イギリスのオークションに出品されると、国内屈指の資産家で知られる銀行家ヘンリー・フィリップ・ホープが落札する。

以降「ホープダイヤモンド」と呼ばれるようになるが、まもなくホープ家は破産、その後も所有者の多くが不幸な最期を遂げるのだ。

アメリカの億万長者もホープダイヤモンドの犠牲者として名を連ねている。アメリカの新聞社ワシントン・ポストの社主エヴェリン・ウォルシュ・マクリーンである。

彼女の場合は、所有してから九歳の息子が事故死、夫との離婚と立て続けで悲劇に見舞われた。

マクリーン本人も神経衰弱状態におちいったのちに生涯を閉じると、ホープダイヤ

ギロチン台へひきたてられる王妃マリー・アントワネット

モンドは、マクリーン夫人の宝石コレクションの一つとして売り出されることになる。

これを三億六千万円で買収したのは、宝石商ハリー・ウィンストンだった。その名は現在でも、女性のあこがれの高級宝飾ブランドとして有名だが、彼には呪いが降りかからなかったのだろうか。

ウィンストンはダイヤを入手後、無料で人々に公開したのち、一九五八年にスミソニアン博物館に寄贈している。ダイヤの妖(あや)しい輝きの虜(とりこ)とならなかったことで、彼は呪いから逃れたのかもしれない。

ハプスブルク家の皇太子夫妻が襲撃された

二十世紀初頭、ヨーロッパの運命を変えた、一台のオープンカー

オーストリアの首都ウィーンの軍事史博物館に、一台の赤いオープンカーが展示されている。

銃弾の跡が生々しく残っているこの車こそ、第一次世界大戦の引き金となった「サラエボ事件」の際に、オーストリア・ハンガリー帝国の皇位継承者、フランツ・フェルディナント夫妻が襲われた際に乗っていた車である。

所有者の命を次々に奪った〝呪いのオープンカー〟

悲劇の発端となったこの赤いスポーツカーは、夫妻がサラエボで移動するために造られた新車であったため廃車とはならず、その後、次々に所有者を不幸におとしいれる**「呪われた車」**となっていく。

赤い車は、第一次世界大戦開戦後、第五オーストリア軍団の名指揮官ポティオレク将軍の所有となった。

しかし、彼はその二十一日後、セルビア西部の都市ヴァリェヴォ近郊で起こったセルビア軍との戦闘で大敗を喫し、ウィーンへ送還。将軍はショックで精神を病み、養老院で死亡した。

次にポティオレク将軍の部下であった大尉が所有者となったが、九日目にクロアチアにて二人の農民をひき殺した末に、自らも木に激突して死亡。次に所有者となったユーゴスラビアの新任の知事も、四カ月の間に四回も事故を起こし、四回目の事故で右腕を失った。

知事は車を破棄しようとしたが、スーキスという医師がただ同然で買い取り、六カ月間、快適に乗り回した。ところがある日の朝、スーキスは横転した車の下から死体となって発見されたのだ。しかし、不思議なことに、車には少し傷がついただけだったという。

死亡したスーキスの夫人はこの車を宝石商に売った。宝石商は一年近くの間、この車を無事に乗り回していたが、やがて自殺した。

次にまた別の医師がこの車の持ち主になったが、不吉な噂を耳にしている患者たちが寄り付かなくなり、スイスの某レーサーに譲り渡した。そのレーサーがドロミテのロードレースにその車で参加したところ、レース中に車外へ振り飛ばされ、石壁に激突して死んでしまった。

さらに、車は回り回ってサラエボ近くに暮らす裕福な農民のものとなったが、ある朝、突然止まってしまい、通りがかりの農夫の荷馬車につないで引いてもらうことにした。

すると、車が突然走り出し、暴走の末に曲がり角で横転して農夫と所有者が命を落としたのだ。

今では、ウィーン軍事史博物館に展示されている

壊れた車は自動車修理工場所有者のティバー・ハーシュフィールドに買い取られて修理され、青く色を塗り替えられた。

このティバーが最後の犠牲者となる。その車で彼は結婚式に六人を連れて行く途中で事故を起こし、本人と友人四人が死亡したのである。

その後、車は政府の費用で修理され、ウィーン軍事史博物館へと贈られた。十六人の命を直接的に吸い上げ、何百万もの犠牲者を出す世界大戦の戦禍をもたらしたオープンカー……。

もしもう一度走り出したら、また新たな不幸を生み出すのだろうか?

未曾有の海難事故

不沈といわれた豪華客船を沈めたのは、〝ある者〟の怒りだった？

一九一二年四月十四日深夜、イギリスからアメリカのニューヨークに向けて初の航海に出た豪華客船タイタニック号が、大西洋で氷山に衝突して浸水。翌日未明に沈没した。二千名以上の乗客を抱えながら命綱の救命ボートが二十隻しかないなどいくつもの不幸な出来事が重なり、千五百名以上が亡くなるという前代未聞の悲劇となった。初の航海で沈み、しかも多くの乗客が命を落とすという空前の大惨事。そのため事故の後、原因に関して数々の逸話が生まれた。経営難の会社が仕組んだという説（54ページ）の他、そら恐ろしい伝説もささやかれた。ミイラの呪いによって沈没させられたというものである。

なぜタイタニック号に「呪いのミイラ」が積まれていたのか

実際、タイタニック号には「呪いのミイラ」と恐れられたミイラが積まれていたのである。

このミイラはアメン・ラーの神殿で発掘された紀元前二世紀頃のテーベにいた女性のミイラである。アメンホテプ四世が信仰した女預言者だったとも、王女であったともいう。しかしその女性は、若いときに奇病にかかって亡くなり、ミイラにされて埋葬されたという。

ところがこのミイラ、ただのミイラではなかった。**「汝が眠りに落ちし虚脱から目覚めよ。さらば、汝のひと睨みが、汝に抗うものすべてに勝利する」**という呪いの言葉が刻まれた護符が添えられていたのだ。そのため発掘以来、まるでこの呪いが発動するかのごとく、ミイラの周辺で奇奇怪怪な出来事が続いていた。

このミイラが永い眠りから覚めて歴史に登場するのは、一九一〇年のことである。

この年、イギリスの学者がエジプトの商人から王女のミイラを購入した。するとその商人は三日後、原因不明の熱病で急死。さらに学者も三日後、狩りをしていた際に銃が暴発して片腕を失った。その友人二人も、イギリスに帰国する船中で熱病にかかり急死、王女の棺の荷造りをした使用人も変死したのである。

次にこのミイラを手に入れた女性も、家に棺を運び込むや、家中のガラスが突然粉々に砕け、彼女自身も原因不明の奇病にかかってしまう。続いて棺を譲り受けたイギリス人も家族が交通事故に遭い、屋敷も火災で焼失してしまう。そこで恐れをなしたイギリス人が大英博物館に寄贈した。

ところが、ミイラの呪いは鎮まることを知らなかった。博物館に陳列された棺から夜な夜なすすり泣きが聞こえると噂された。さらにミイラの写真を撮った人物がピストル自殺したり、ミイラが納められた棺に手を触れた夜警の子供が奇病にかかったりと、呪いの連鎖はどこまでも続いたのだ。

さすがの大英博物館も困惑していたところ、ニューヨークの博物館が引き取ってくれることになり、ミイラはニューヨークに運ばれるため、タイタニック号に積み込まれていたのである。

スミス船長の「我を失った行動」の原因も――

だがそのタイタニック号でも、なんらかの力が働いたとしか考えられないような奇妙な出来事が起こっていた。

いつもは冷静沈着なスミス船長がまるで別人になったかのように唐突に進路を変え、急スピード、急な減速などで暴走したあげく、警告も無視したがゆえに結果的に氷山と衝突してしまったのだ。**いつもの船長ならば考えられない行動だったため、ミイラの呪いとしか考えられないと人々は噂した。**

「ミイラショー」に熱中していた当時の人々

実は人々がミイラの呪いをことさら恐れたのは、呪いを受ける理由に身に覚えがあったからかもしれない。

当時のヨーロッパでは、**ミイラの解体ショーが人気を博していた。**ミイラを棺から取り出して包帯をほどき、巻き込んである財宝などを分配するショーで大変人気があったという。

見世物にするためミイラを盗掘し、遺体を解体するという冒瀆（ぼうとく）……。ミイラを何千年の眠りから起こしてしまった罪悪感からか、このミイラの呪いの噂は今も信じられている。

タイタニック号とともに大西洋に沈んだミイラは、その後、引き上げられ、大英博物館に戻ったといわれる。それが第一エジプト展示室に置かれている第二二五四二号の棺といわれ、今も妖しい雰囲気を漂わせている。

身の毛もよだつ、英国の黒歴史

今も宮殿をさまよう、ヘンリー八世の妃たちの「亡霊」

テューダー王朝のヘンリー八世といえば、英国国教会の基礎を築いた人物として知られる。

しかしながら、その功績の背景には、カトリックでは禁止されている離婚と結婚を繰り返した、王の破天荒な私生活があった。

六人の妻との「傲慢すぎる結婚生活」

兄の死去により、次男ながら王となったヘンリー八世は、兄の妻だったキャサリン・オブ・アラゴンと結婚した。自らの王位を盤石なものにするためには、キャサリンが必要だったのである。二人の間に王女はいたが、王子はできなかった。

どうしても男児がほしいヘンリー八世は、王妃の侍女ですでに愛人関係にあったアン・ブーリンに目をつけた。キャサリンを離縁してアンを正式な王妃とし、世継ぎを生ませようとしたのである。

ところが、キャサリンとの結婚も特例として許されたものであり、再びカトリックの掟を破る離婚など、許されるはずもなかった。加えてキャサリンは、神聖ローマ皇帝カール五世の叔母にあたり、こちらからも横槍（よこやり）が入った。

こうした背景からローマ教皇は、ヘンリー八世の離婚と結婚を認めなかったため、ヘンリー八世はカトリックと縁を切り、英国国教会を設立したのである。

「男の子を産めない妃」は用済み扱い

しかし、アンとの間に王子ができず、二度にわたる流産におよんでヘンリー八世は彼女に見切りをつける。

アンが姦通（かんつう）したとでっちあげて処刑してしまったのだ。

アンの後釜（あとがま）には、彼女の侍女ジェーン・シーモアが座った。ジェーン・シーモアは待望の男児エドワードを生んだが、本人が産後すぐに亡くなった。

四人目の妻は、クレーヴェ公女アンだった。しかしこちらはヘンリー八世が彼女の容姿を気に入らず、すぐに破綻。

ヘンリー八世はまたしても離婚し、離婚したアンの侍女であったキャサリン・ハワ

王妃たちにまつわる幽霊の噂が絶えないハンプトン・コート

ードと結婚した。

しかし、キャサリンはヘンリー八世より三十歳も若く、奔放な女性で、密通が発覚して処刑された。最後の結婚は一五四三年。相手は女官のキャサリン・パーであった。

六人の妻のうち、ヘンリー八世の愛情を得られず離婚された二人も気の毒だが、さらに気の毒だったのは処刑された二人である。とくにアン・ブーリンは、まったくの濡れ衣を着せられ、ただ「男子を産まなかった」という理由だけで殺されたのである。

幽霊となって今も宮殿に住む三人の妻

ヘンリー八世の妻のうち、非業の死を遂げた二人と、若くして産後すぐに亡くなったジエーン・シーモアは、幽霊となって今もハンプトン・コートに現われるという。

ジェーン・シーモアの幽霊は**白いドレスを着て、ろうそくを持ち、宮殿のなかを歩き回っている。**

けれど、ろうそくの炎はまったく揺れず、ジェーンの表情は暗く、とても気味が悪いという。

アン・ブーリンの幽霊は青いドレスを着ている。その装いは彼女の肖像画に描かれたドレスと同じだ。**首のない姿や、切り落とされた首を膝に乗せて現われる**こともあるというから恐ろしい。

三人の幽霊のなかでも、最も劇的なのがキャサリン・ハワードだ。

キャサリンは密通がバレたと知ると、王へ命乞(ご)いをするために、必死に王がいる部屋へ駆け出した。

そして、そのドアを開ければ王に会えると思った瞬間、護衛の者に捕まり、引き戻された。**このときの、泣き叫んで王に命乞いをする瞬間のキャサリンの姿が、幽霊になっても再現される**という。

彼女たちは、今もなおハンプトン・コートに留まり、無念を訴え続けているのだろうか。

無実の罪を着せられた？

フランス・カペー王朝を断絶させた、「秘密結社」の呪い

一三二八年、九八七年から続いたフランスのカペー王朝が断絶し、ヴァロワ朝の歴史が始まった。歴史上、王朝が滅びることは珍しくないが、カペー朝の場合、敵から攻撃されたわけでもなく、世継ぎがいなかったわけでもない。

一三一四年に没したフィリップ四世にルイ、フィリップ、シャルルという三人の王子がおり、王位継承者は十分に存在したにもかかわらず、なぜか皆、玉座に座った途端、死の世界へと引きずり込まれ、ついには断絶してしまったのである。

四人の王が次々と即位してまもなく死亡

この恐ろしい死の連鎖の最初の犠牲者は、フィリップ四世の長男ルイ十世だった。一三一四年、父のフィリップ四世の後を継ぎ、二十五歳で国王となったものの、それからわずか二年後の一三一六年に死去してしまうのだ。

このとき王妃が妊娠していたため、その間は、フィリップ四世の次男フィリップが摂政となり、出産を待った。そして王子ジャンが生まれ、すぐにジャンは即位したが、数日後に亡くなってしまう。

一三一七年一月、摂政だった次男が即位してフィリップ五世となったが、その五年後の一三二二年に死亡。フィリップ五世の息子は父よりも早く亡くなっていたので、フィリップ四世の三男が即位してシャルル四世となった。

しかし、シャルル四世の治世もわずか六年で終わる。シャルル四世の息子も早くに亡くなっていたため、ここでカペー朝は途絶えたのである。

テンプル騎士団の〝莫大な財産〟に目を付けた国王

さて、**このカペー朝の断絶は、テンプル騎士団長のジャック・ド・モレーの呪いだ**とまことしやかにささやかれている。この断絶は、そもそもフィリップ四世が無実の罪のテンプル騎士団の人々を投獄し、拷問し、火刑に処して壊滅させたことが原因といわれているのだ。

テンプル騎士団は、もともとエルサレムをイスラム教徒から防衛するために十二世紀に結成された宗教騎士団である。彼らのもとにはヨーロッパ中から寄付が集まり、その財力を利用して金融業にまで進出。十四世紀には莫大な財産を有し、フランス王家に大金を貸して財政を助けるほどであった。

フィリップ四世の統治下のフランスにあっても、圧倒的な財力と信者の尊敬に加え、騎士団としての軍事力を兼ね備えていたテンプル騎士団は、国王にとっては目ざわりな存在だった。しかも当時のフランス王家は財政的な危機に瀕（ひん）していた。

そこで王は、王権を脅かす存在の排除と、豊かな財物の確保の一挙両得を狙うことにしたのである。

王は、騎士団をおとしめる噂を流した……

王は、まずテンプル騎士団の評判を徹底的におとしめ、彼らにあらぬ罪を着せることにした。

たとえば、騎士団員は実は神を冒瀆する輩（やから）で、キリストを否定している、悪魔礼拝を行なっている、夜な夜な悪魔やその配下の者たちと乱交を繰り広げている、騎士団の団員は男色家である、**入信の儀式では、団員の長の尻にキスしなければならない**――**などといったえげつない噂を流し、民衆の間に騎士団の禍々（まがまが）しいイメージを植え付けたのだ。**

そしてついには、騎士団の団員とみると逮捕して、恐ろしい拷問にかけていくようになる。

いまわの際の騎士団長が残した「壮絶な予言」

しかも、フィリップ四世は、テンプル騎士団狩りを行なう前に、ローマ教皇クレメンス五世を取り込み、騎士団は解散してその財産を国のものにするとの約束を取り付けていた。こうして逮捕された騎士団の団員のうち五十四人は、体中に数えきれないクサビを打ち込まれ、火刑に処せられていった。

その一人だった団長のジャック・ド・モレーは、フィリップ四世のあまりに非道な行ないに対して憤りを爆発させ、**「今年中に、お前らは神の法廷に呼ばれるだろう」**と不気味な予言を残したという。

実際、その予言通り、ジャック・ド・モレーが処刑された一三一四年に、フィリップ四世は四十六歳で衰弱死したばかりか、フィリップ四世と結託したクレメンス五世も亡くなっている。

偶然か、それとも呪いの結果か、カペー朝は不可解な死の連鎖によって、終焉を迎えたのである。

優雅で美しい白亜の城

ハプスブルク家のミラマーレ城で語られる「悲しい噂」

イタリア北東部のトリエステ郊外にあるミラマーレ城は、ゴシック様式やルネサンス様式、東洋建築などの粋が集められた白亜(はくあ)の美しい城である。

アドリア海に面した場所に建っているため、海の青に城壁の白が映(は)え、まるで絵画のようだ。

兄である皇帝にうとまれ、隠棲するための城を建てた

この白亜の城を建設したのは、当時その地域を領有していたハプスブルク家のフェルディナント・マクシミリアン。彼はオーストリア皇帝フランツ・ヨーゼフ一世の弟である。

マクシミリアンは由緒あるハプスブルク家の一員として、海軍将校となり、一八五七年にロンバルディア＝ヴェネツィア総督の任に就いた。しかし、有能な弟を皇帝は

警戒し、マクシミリアンを解任すると、以後、どんな職も与えなかった。

失意のマクシミリアンは、兄を刺激しないために、トリエステで静かに暮らさなくてはならなかった。そのために建てたのがミラマーレ城で、建設の動機からして陰鬱(いんうつ)な未来を案じさせるものだった。

こうしてマクシミリアンは、ベルギー王室から嫁いできた妻シャルロットとこの城で暮らし始めたのである。

非業の死を遂げたマクシミリアン

しかしながら、マクシミリアンの穏やかな日々は長くは続かなかった。フランスのナポレオン三世が、彼をメキシコ皇帝として担ぎだしたからだ。当時のメキシコはスペインから独立したばかりだったが、実質支配はフランス軍によって行なわれていた。

しかし、軍隊の武力を背景にした支配では体裁が悪い。そこでナポレオン三世は、ハプスブルグ家のマクシミリアンをメキシコ皇帝として推戴(すいたい)したのである。

異国の地に渡った彼を待っていたのは、フランス軍の裏切りだった。独立運動が活発化し、情勢が悪くなったフランス軍は、マクシミリアンを残して撤退してしまった

人々を不幸へ追いやったミラマーレ城

のである。

この状況をなんとか打開すべく各国に支援を求める目的で、妻シャルロットは一時帰国するが、それが二人の永遠の別れとなった。

結局一八六七年、独立軍に捕らえられたマクシミリアンは処刑される。この報に接した妻シャルロットは精神を病み、以後、六十年以上も城に幽閉されて生涯を送ったのである。

城を愛用したハプスブルク家の人々を襲う悲劇

主を失ったミラマーレ城はハプスブルグ家の保養所となったが、以後、この城を愛用した人々は次々と不幸になった。

たとえば、フランツ・ヨーゼフ一世の皇妃エリザベートは、息子のルドルフ皇太子が愛人と心中し、その十年後（一八九八年）、ジュネーブのレマン湖の畔（ほとり）で無政府主義者によって暗殺された。

オーストリアの皇位継承者だったフランツ・フェルディナント大公は、一九一四年、ミラマーレにてドイツのヴィルヘルム二世を歓待した直後、妻とともに訪れたサラエボで暗殺された。

この事件が第一次世界大戦の幕開けとなる。

新たな持ち主にも、やはり呪いが発動

その後、トリエステはハプスブルク家の手を離れてイタリア領となり、ミラマーレ城はイタリアの名族アオスタ家の所有となる。かくしてハプスブルク家はミラマーレ城にまつわる死の連鎖から解放されたが、代わってこのアオスタ家に不幸が襲いかかった。

第二次世界大戦で東アフリカの駐屯軍司令官となったアオスタ公が、イギリス軍の捕虜となり、収容所でマラリアにかかって命を落としてしまうのだ。

このように、なぜかミラマーレ城の魅力の虜になると、その先に不幸が待っている。マクシミリアン以来続くミラマーレ城の呪いは、次に誰を襲うのだろうか。

第4章

密かにささやかれ続けた

まことしやかな「噂」のミステリー

大英帝国のシンボルとして君臨した

英王室を揺るがすヴィクトリア女王のスキャンダルが浮上!

イギリスという国は、なぜか女王の時代に栄える。エリザベス一世の時代しかり、現エリザベス二世の下でのサッチャー政権での復権しかり。そして、世界の海を支配下に収め、「パクス・ブリタニカ（英国の平和）」と呼ばれる繁栄を謳歌した、ヴィクトリア女王の時代もそうである。

夫アルバート公とともに、大英帝国の象徴として**「君臨すれど統治せず」**という立憲君主制の模範を実践したとされるヴィクトリア女王であるが、六十年におよぶ治世のなかで、国中の批判を浴びた時期がある。

夫の死の悲しみにひたり続けた女王

一八六一年、四十二歳の若さで夫アルバート公が腸チフスにより他界すると、女王は悲しみのあまり、元首としての務めも忘れて引きこもってしまったのだ。女王はつねに喪服をまとい、公式行事にも姿を現わさなくなった。

最初、こうした女王の姿に「夫を愛するあまり」と大目に見ていた国民も、数年経っても、悲しみに暮れる女王に対して批判的になっていく。

ところが、夫を亡くしてから十年後の一八七一年十二月、皇太子が危篤状態におちいった。その病は、父アルバートと同じ腸チフスだった。女王は必死に看病して、なんとか皇太子は死の淵から生還した。

この出来事を機に、女王はこれまでの態度を改め、公務をしっかりこなし、昔の女王に戻ったのである……。

女王は「馬の世話係」と秘密裡に結婚していた？

ところが、この女王の復活の原動力となったのは、皇太子の病による現実への目覚めだけではなかった、と噂されている。

悲しみに暮れ、引きこもっていた女王が、その間、唯一そばに置くことを望んだ人物がいた。**女王の馬の世話係のジョン・ブラウン**である。

ブラウンは粗野で素朴な人物で、女王に対してもハイランド（スコットランド北部）の方言まる出しで、ぶっきらぼうな態度をとった。周りは敬意に欠けるのではないかとハラハラしたが、女王はむしろそうしたところをいたく気に入り、そばに置くようになった。

いつもブラウンをそばに置く女王を揶揄(やゆ)して、人々はいつしか女王を「**ブラウン夫人**」と呼ぶようになるほどだった。

ブラウンにも先立たれ、再び悲しみにくれた女王

さらに、人々の関心をかき立てたのが、ブラウンの葬式のときだった。

一八八三年、ブラウンが亡くなると、女王はブラウンに「**彼は最も素晴らしい男性の一人でした**」と最大の賛辞を贈った。その悲しみようは、まるでアルバート公のときのようであると感じる者も多かったという。

しかも一説には、ヴィクトリア女王が亡くなり埋葬されたとき、女王の希望でブラウンの髪の毛や写真、手紙が棺に添えられたともいわれている。

「秘密結婚」を裏づける数々の証拠

ヴィクトリア女王の治世は、一九〇一年、その死をもって終焉を迎える。それから八十年近くの時を経た一九七九年、スコットランド美術館のマクドナルド館長が、「**女王はジョン・ブラウンと秘密の結婚をしていた**」という説を発表し、大きな話題

となった。

マクドナルド氏は、結婚式を執り行なった司祭の証言が録音されたテープが存在すると明かしたのだ。

さらに、なんと**二人の間に生まれた隠し子がパリで生活し、九十歳で没した記録があること**を証拠として挙げている。もちろん王室は強く否定するが、隠し子の噂自体は古くから存在した。

さらに、日経ナショナルジオグラフィック社の『絶対に明かされない世界の未解決ファイル99』には、歴史家のジョン・ジュリアス・ノリッジが、「自分の同僚だったランシマンという人物が、かつてウィンザー城の王室記録文書のなかからジョン・ブラウンの結婚証明書が発見されたと言っていた」と語ったとある。

しかも、ランシマンがすぐにエリザベス女王に伝えたところ、女王は結婚証明書を燃やしてしまったという。

ブラウンとヴィクトリア女王

英国が誇る大劇作家

シェイクスピアを語る上で避けられない「ゴーストライター」説

『ロミオとジュリエット』『ハムレット』などの作者ウィリアム・シェイクスピアは、近世イングランドの有名な詩人・劇作家であり、その人生において、少なくとも三十七の戯曲と、百五十を超えるソネット（十四行詩）など、珠玉の作品を後世に残した人物だ。

シェイクスピアが「あの作品」を書けるはずがない理由

しかし、彼の人物像には謎が多い。

何しろ、わかっているのは、彼が一五六四年にロンドン北西のストラトフォード・アポン・エイボンに生まれたこと。父親は羊毛・肉類・穀物などの商売に成功して一時は豊かになったが、一五七五年頃から没落したために、シェイクスピアは学業の中断を余儀なくされ、家業の手伝いや徒弟奉公などで一家を支えていたこと。そして、一五八二年に八つ年上の女性と結婚したことぐらいなのだ。

その後、一五九〇年に『ヘンリー六世』で劇作家としての地位を築くと、一五九五年には『ロミオとジュリエット』『真夏の夜の夢』、一六〇一年に『ハムレット』といった具合に作品を次々に発表し、売れっ子劇作家となった。しかし、一六〇九年には故郷に引退して筆を折り、一六一六年四月二十三日にこの世を去った。五十二歳だったという。

これほど有名な劇作家なのに、その人生についてわかっていることはあまりにも少ない。それだけでもかなり不思議だが、もっと不思議なのは、**シェイクスピアという人物は、満足な教育を受けることができず、貴族階級の出身者でもなかったのに、国内外の歴史や、まったく体験していないはずの宮廷社会をなぜあそこまで見事に、そして詳しく描き出すことができたのか、**という点である。

それだけではない。シェイクスピアの作品には、医学や法学など、深い学問知識がふんだんにちりばめられている。たとえば『ヴェ

シェイクスピアとされる人物の肖像

ニスの商人』は、ユダヤ人社会やヴェネツィアの法体系などを理解していなくては描けないものだ。

しかも、シェイクスピアが余生を送った故郷には、彼に関する資料が何一つない。その結果、**シェイクスピアの作品は実は別人が書いていたではないのか**という疑問が、十九世紀の半ばから続々と出ていたのである。

「本物のシェイクスピア」の候補者たち

当代一級の知性と教養の持ち主で、貴族や王族、歴史にも詳しい教養人――。こうした条件を踏まえた上で、シェイクスピアの正体ではないかという人物が何人か浮かび上がっている。

まず最有力候補とされるのが、十六世紀英国有数の科学者兼哲学者で政治家でもあり、当代一のインテリといわれた**フランシス・ベーコン**（一五六一年〜一六二六年）である。政治家でもあった彼は、その作品が政治色の強い面もあることから、表向きシェイクスピアが書いたことにしたのではないかといわれている。ベーコンの蔵書には、シェイクスピアの戯曲に出てくる寓話や引用句がすべて含まれているという事実もある。

シェイクスピアの「正体」は!?

ベン・ジョンソン

1572〜1637年
イングランドの劇作家・詩人

フランシス・ベーコン

1561〜1626年
イングランドの貴族で、
哲学者・法学者・神学者

クリストファー・マーロウ

1564〜1593年
イングランドの劇作家、詩人、翻訳家

エドワード・ド・ヴィアー

1550〜1604年
オックスフォード伯で、戯曲・叙情詩を
手掛ける文人でもあった

二人目の候補者は、**第十七代オックスフォード伯エドワード・ド・ヴィアー**だ。

エリザベス一世の宮内長官という職責を担っていた人物で、英国屈指の名門の出身、教養も十分。上流社会の内側にも精通しており、一五七五年と一五七六年にヨーロッパ周遊をした際には、ヴェネツィアなどシェイクスピアの戯曲に出てくる場所も訪れている。

他にも、旅の経験が豊富な劇場主のダービー伯ウィリアム・スタンリーや、シェイクスピアと同世代で、同じく戯曲を書いていたベン・ジョンソンやクリストファー・マーロウなども有力候補として挙げられている。

「自由な作品」を送り出すための隠れ蓑？

真相は今も不明だが、そもそも彼らはなぜ正体を隠さねばならなかったのか？

それは当時、政治への批判やキリスト教の教義に反する考えを持つことは、首を刎ねられかねない時代だったため。それだけに社会的地位の高い人物は、戯曲といえども、自分の名前を出すことに用心深くならざるを得ないことは想像に難くない。

ストラトフォードのシェイクスピアという人物像を作り上げることで、自由な、そして優れた作品を世に送り出したことになる。

貧困に苦しみ若くして急死

不世出の天才音楽家
モーツァルトの死にまつわる噂

オーストリアの音楽家モーツァルトは、一七九一年、三十五歳という若さで急死した。

五歳から作曲を始め、九歳で交響曲を作曲し、以後各国に演奏旅行に出て実力を発揮した。十六歳でザルツブルク宮廷楽団のコンツェルトマイスターに就任という輝かしい経歴を持ち、『フィガロの結婚』や『魔笛』など、六百以上にもおよぶ膨大な作品を残した天才だった。

しかし、晩年の彼は貧困に悩み、失意のうちにこの世を去った。

彼はその死後も、スキャンダルに巻き込まれることになった。なんと、彼の検死を行なったところ、その死因について、病死、中毒死、毒殺など、実に百五十にもおよぶ憶説がささやかれたのである。そのなかには、ライバルである宮廷音楽家のサリエリによる毒殺説もあった。

あの名作『魔笛』が、死因と関係している？

さらに、十九世紀後半には、**秘密結社フリーメイソンによる毒殺説**が生まれた。

フリーメイソンとは、ロンドンの石工組合が発展し、自由・平等・博愛を掲げる秘密結社。その秘密結社が、なぜモーツァルトを毒殺したなどという説が誕生したのか？　それは、**モーツァルトが、最後に完成させた作品『魔笛』を発表したわずか三カ月後に突然この世を去った**ことに関係がある。

『魔笛』は、一七九一年にウィーンで作曲、初演された作品だ。台本は劇場支配人で俳優や歌手もつとめたシカネーダーによってドイツ語で書かれた。

実はこの作品を作曲する前の一七八四年、二十九歳になる直前に、モーツァルトはフリーメイソンに入会しており、シカネーダーもフリーメイソンの会員だった。つまり、『魔笛』は、二人のフリーメイソン会員が作り上げた傑作ということになる。ところがその**『魔笛』が、フリーメイソンの怒りを買った**というのである。

「魔笛」に込められたフリーメイソンの秘密

フリーメイソンは、「自由・平等・博愛」を精神とする世界最古、世界最大の秘密結社である。名前こそ有名だが、その実態は今もわからない。

それほどフリーメイソンの秘密が守られているという証拠なのだが、こともあろうに、**モーツァルトは『魔笛』のなかで、絶対に公にしてはならないフリーメイソンの秘密を暴露した**といわれている。

たとえば、『魔笛』は、「三」がたびたび登場している。主題そのものが、フラット（♭）が三つつく変ホ長調だし、幕が開くと三人の侍女が現われ、主人公の案内役は三人の童子。三回のファンファーレがあり、そのうちの二回は三つの音が三回鳴らされるといった具合だ。

謎の急死を遂げたモーツァルト

実は「三」は、フリーメイソンにとって聖なる数字とされている。たとえばシンボルは「三角形のなかに書かれた万物を見る目」であり、ロッジと呼ばれる集会所のホールの燭台は三本、入室の際の合図はノック三回といった具合なのだ。

さらに、クライマックスの大合唱では、「叡智、美、永遠の王冠」というフリーメイソンの教義が歌い上げられ、「この聖なる堂のなかに何を求めるか」と問われた主人公が「愛と徳が持っているもの」と答えるシーンは、フリーメイソンの入会儀式で志願者が受ける最初の問答にそっくりだともいわれている。

そのため、**『魔笛』は、フリーメイソンの入会儀式を表現しているのではないかと考えられているのだ。**

そして、その重大な秘密をバラしたために殺されたのではないか？　というわけである。

とはいえ、フリーメイソンの会員であるモーツァルトが、フリーメイソンの秘密を表現することはタブーであることは当然知っていたはずだ。それなのに秘密をわざわざバラしていることから、モーツァルトはヴァチカン、つまり教皇庁が送り込んだスパイだったのではないかという説まである。モーツァルトが生きていた時代は、ヴァチカンとフリーメイソンの対立が非常に激しかった時代だった。モーツァルトは我が身を犠牲にしてフリーメイソンの秘密を暴露し、命を落としたことになる。

はたしてモーツァルトの死は運命だったのか、それとも自身の行動が招いた悲劇だったのか。

紀元前に大帝国を築いた

英雄アレクサンドロス大王の墓は、どこへ消えた？

チンギス・ハンやモーツァルトなど、墓のありかが特定されていない歴史上の人物は意外に数多いが、アレクサンドロス三世（大王）もその一人である。

宴席で急死した英雄の「死因」は？

マケドニアの王アレクサンドロスは、紀元前三三四年に軍を率いて東征に出ると、アケメネス朝ペルシアを征服し、南はエジプト、東はインダス川にまでおよぶ大帝国を築いた。その領土はさらに広がるかに思われたが……紀元前三二三年六月、バビロンに滞在していたアレクサンドロスは、高熱を発して床についた。

それでも精力的にアラビア遠征の策を練り、臣下たちに指示を出し続けたが、快復することはなく三十二歳の若さで急死した。

宴席で急に具合が悪くなったことから、杯に毒を盛られたのではと噂されたが、現

在ではマラリアのような病気だったと考えられている。

「後継者争い」に利用された埋葬

アレクサンドロスの遺体は、故国マケドニアに運ばれ、そこで葬られるはずだった。そのために、黄金の板で覆った豪華な葬送用の馬車もつくられた。ところが遺体はその馬車に乗せられたまま行き先を変えると、**部将のプトレマイオスによってエジプトへと運ばれた**のである。これは、アレクサンドロスを葬る者こそが、後継者として認められると考えられていたからである。

そもそもアレクサンドロスは、後継者を定めていなかった。誰を跡継ぎにするか尋ねられたときは、**「最もすぐれた者に」**と答え、臨終の床では**「すべての友人が後継者争いに加わることだろう」**と語ったという。その言葉のように、有力な部将たちは、アレクサンドロスが死ぬと互いに争うようになった。

アレクサンドリアに壮麗な墓所が築かれたが……

アレクサンドロスの帝国から生まれ、最も大きな国となったのが、セレウコス朝シリアとプトレマイオス朝エジプトだが、アレクサンドロスの遺体を手に入れたのは、前述のようにエジプトを支配するプトレマイオスだった。そしてプトレマイオスは、エジプトの都市アレクサンドリアを自分の国の都とすると、ここにアレクサンドロスの壮麗な墓所を建てたのである。

アレクサンドロスは、征服した各地に自分の名を冠した都市を置いたが、そのなかで最も大きく最も繁栄したのが、紀元前三三二年にエジプトのナイル川河口に築いたアレクサンドリアである。墓所は、王族の屋敷や神殿、公園などが並ぶ東港の「宮殿地区」と呼ばれる一等地にあった。

紀元前三十年にプトレマイオス朝がローマ帝国に滅ぼされ、アレクサンドリアがローマ領となっても繁栄ぶりは変わらず、初代皇帝のアウグストゥスや軍人皇帝カラカラなどローマの歴代皇帝がアレクサンドリアにやってきて墓所に足を運んだという。

ところが、二一五年にカラカラ帝が参拝したという記録を最後として、墓所は記録から姿を消し、その百年後には、あった場所さえ不明になってしまったのである。

都市の繁栄と騒乱、そして地震と津波によって消えた墓

これは、都市アレクサンドリアがたどった時代の変遷によるものであろう。アレクサンドリアはヘレニズム文化の中心であるだけではなく、東地中海、紅海、インド洋

を結ぶ貿易の拠点で、軍事上の要衝でもあったため、多くの勢力がこの地を得ようとし、幾度も争奪の舞台となった。

しかも三世紀以降、地震と津波が頻発し、三六五年に発生した地震では、都市全体が沈降。さらに七六四年一月の地震では、津波により都市が壊滅的な打撃を受けてしまう。そうしたなかで**大王の墓所も、水中に沈むか地中に埋没してしまった**と考えられる。さらに八世紀になると、エジプトがイスラム勢力の支配下に入ったため、アレクサンドロスの墓のありかは人々の意識から消え、まったくわからなくなったのである。近代に入っても、古代の港一帯は軍事施設になっていたため発掘が許されなかったり、水質が汚濁して海中の調査ができなかったりという事情が続いた。

しかし現代では、アレクサンドリアで大規模な発掘調査が行なわれるようになった。とくに水中考古学の発展により、海底から沈没船や彫像、壺などの多くの遺物が相次いで引き上げられ、古代の港の様子も明らかになりつつある。

またギリシア北部のかつてのマケドニアの地でも、アレクサンドロス大王の父フィリッポス二世のものではないかと思われる人骨や、母オリンピアスが埋葬されたのではないかと思われる墳墓が発見され、大きな話題となった。

アレクサンドロス大王の墓が発見される日も、そう遠くないかもしれない。

第一次大戦を混乱させた

世紀の女スパイ、マタ・ハリ——彼女は何者だったのか

一九一四年に勃発した第一次世界大戦は、その名の通り世界中を巻き込んだが、元は連合国と中央同盟国に二分される、ヨーロッパ列強の争いだった。

そんななかヨーロッパで、**たぐいまれなる美貌によって諜報活動を行なった「世紀の女スパイ」**として語り継がれているのが、マタ・ハリだ。

◉美しいプロポーションで男性を蠱惑した踊り子

もともと彼女は、踊り子としてヨーロッパに名をとどろかせていた。一九〇五年、フランスのパリで開かれた慈善パーティーの余興で、薄いヴェールをまとい、肌があらわになった姿でインドの音楽に合わせて踊る彼女は、人々の度肝を抜いた。

センセーショナルな登場で耳目を集めた彼女は、マレー語で「太陽」を意味する「マタ・ハリ」を名乗り、ジャワ生まれでインドの血筋を引く出自、そしてインドの

秘境の踊りを学んだと宣伝した。

彼女のエキゾチックな魅力の虜(とりこ)となって、フランスの貴族階級、軍や外務省などの高官らがパトロンや恋人となり、彼女は広い人脈を手に入れていった。こうした交友関係が、後にスパイ活動の情報源となったとされる。

第一次世界大戦が始まると、ドイツ情報局がそうした彼女の経歴に目をつけて取り込み、スパイとしてフランスへと送り込んだ。同地でスパイ活動を始めたマタ・ハリは、美貌を武器に軍務に関係する男たちを次々に取り込み、多くの機密情報をドイツへと流した……。

しかし一九一七年二月、暗号傍受容疑で逮捕されると、八つものスパイ審議で評議され、「連合国軍十五万人の死に相当する」として死刑判決を受け、十月に処刑されたのである。

「豪華な生活をしたい」という欲望に突き動かされた半生

かくして美貌のスパイとして、その名を不朽(ふきゅう)のものとしたマタ・ハリであるが、実は彼女がスパイであったかどうか疑わしいという説もある。

彼女の半生を振り返れば、ちやほやされ、豪華な暮らしをしたいという、秘密裏に諜報活動を行なうスパイとは相いれない人物像が浮かび上がってくるのだ。実は、彼女が語った出自はまったくのでたらめである。

本名はマルガリータ・ゲイアトロイダ・ゼレ、生まれはジャワなどではなくオランダだ。幼少期まで裕福な家庭で溺愛されて育った彼女は、家業が廃（すた）れた憂き目を若さと美貌で乗り越える。一八九五年に十九歳で陸軍将校の妻となり、夫に帯同（たいどう）して植民地ジャワの地を踏んでいる。

しかし夫が粗暴で嫉妬深い性格だったこともあり、マルガリータが望んだ享楽的な南国の生活は長く続かず、一九〇二年に離婚。パリへ渡って踊り子として再出発し、成功を手に入れた。

マタ・ハリはオランダ人の踊り子であった

本当に彼女は“優秀なスパイ”だったのか？

しかし富を浪費するうちに第一次世界大戦の影が忍び寄る。恋人やパトロンを訪ね歩くことで情報の入手と伝達ができるマタ・ハリに、ドイツ情報部が目をつけた。

ただ、派手な彼女は、イギリスやフランスに疑われることとなり、保身のために二重スパイとして情報を流し始めたことで、自身を追い詰めていく。

結果的に一九一七年二月、パリのホテルでドイツ情報部のスパイとしてフランスに捕らえられるのだ。

はたして彼女は、脅威となるような優秀なスパイでありえたのだろうか。そもそも彼女には、ドイツに有益な情報を流した確固たる証拠がないという。**手紙を出す際にも普通郵便として投函しており、これもスパイとしてはありえない。**

そこで考えられるのが、フランス政府の偽装である。

当時劣勢にあったフランスは、国民を鼓舞するため、また自軍の劣勢の責任の所在を探していた。そこで、**よくも悪くも目立っていた美女マタ・ハリをスケープゴートに利用したのではないか**というのだ。

社交界で人気を博し、政治家や高級軍人と関係を持つマタ・ハリは、稀代の妖婦――女スパイとするには格好の人材であったのだ。

いずれにせよ、マタ・ハリはフランスでスパイとして銃殺刑に処せられる。その最期、彼女は、自分に銃を向ける銃殺隊に対して微笑んだという。

十三世紀に中国に滞在し、その記録を残した

いったい誰が書いたのか!? マルコ・ポーロの『東方見聞録』

マルコ・ポーロといえば、日本でもおなじみの『東方見聞録（とうほうけんぶんろく）』の著者として有名な人物だ。この著作のなかで、日本も「ジパング」として登場し、ヨーロッパの人々が極東の国日本を初めて知る端緒となった。

アジアの情報をヨーロッパに伝えたマルコ・ポーロ

『東方見聞録』によると、マルコ・ポーロは一二七一年、十七歳のときに叔父のマッフィオと父のニッコロに従ってヴェネツィアを出発。陸路を伝い、四年後に中国へ到達した。

当時は元の時代で、皇帝フビライ・ハンに気に入られたマルコは元朝に仕え、雲南（うんなん）や揚州（ようしゅう）で徴税に関する仕事に就き、十七年間にわたって元に滞在した。

マルコが帰国の途についたのは一二九一年のことで、イル・ハン国のハン（君主）

に嫁入りするコカチン皇女に随行してのことだった。役目を果たしたマルコがヴェネツィアに戻ったのは一二九五年、四十一歳のときである。

その後、マルコは『東方見聞録』を世に出すことで、一躍有名人となった。アジアに関する正確な報告書をヨーロッパにもたらした人物だったからだ……ということになっているが、これは正確ではない。何しろ、『東方見聞録』は彼が書いたものではないからだ。

『東方見聞録』の真の著者は、イタリアで有名な小説家？

実は『東方見聞録』を書いたのは、ピサ人のルスティケーロという人物である。

マルコの帰国後、マルコの故郷ヴェネツィアとライバルのジェノヴァとの間で戦争が起こった。マルコは一二九八年九月のクルヅーラ沖の海戦でジェノヴァの捕虜となって、三年間におよぶ牢獄暮らしを強いられたのだ。このとき、同じ牢獄にいたのが、小説家のルスティケーロであった。

マルコは暇つぶしに、彼に自分が旅先で見てきたことを話し、その話をルスティケーロが文章にまとめて発表したのが『東方見聞録』というわけだ。『東方見聞録』が、旅行記としてはかなり文学的なものとなっているのはそのためで、ルスティケーロが

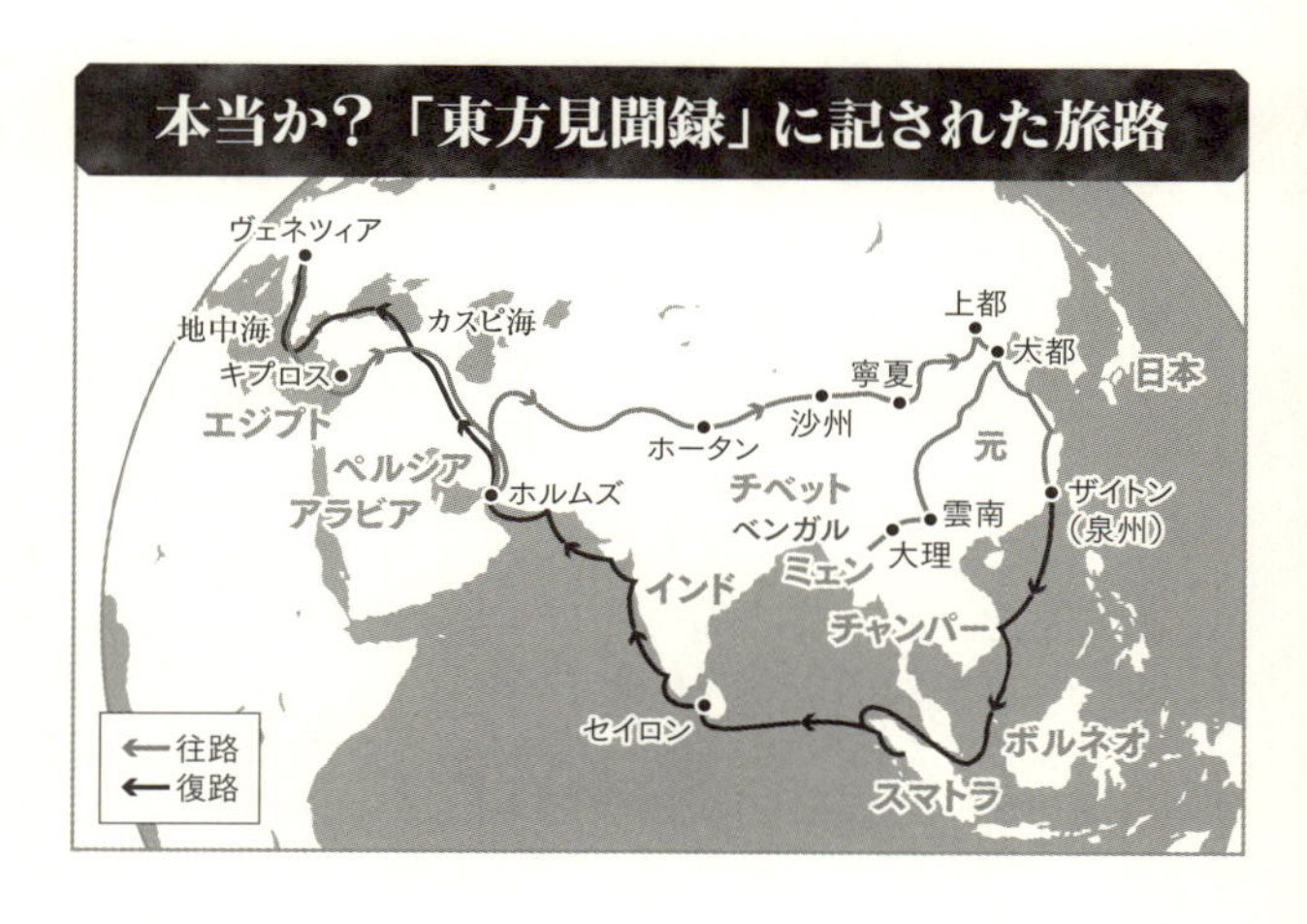

本当か？「東方見聞録」に記された旅路

小説的な要素を盛り込んだ可能性も高く、すべてが事実とはいいがたいのだ。

マルコ・ポーロは本当に中国に行ったのか？

そもそもマルコが本当にアジアに旅をしたのかという疑問すらある。

『モンゴルが世界史を覆す』の著者・杉山正明氏は、その著書のなかで、フビライのもとでマルコが就任したという地方長官の職は漢文資料に歴代の名が記されているが、マルコらしき人物の名が見当たらないとしている。加えて、**マルコが帰還する際に乗ったとする元の船にも、マルコ一家の姿だけが記されていない**というのである。

また、外国人が一度見たら忘れないであ

ろう、万里の長城や纏足の習慣などにマルコがまったく触れていないという点も、『東方見聞録』が疑問視される理由の一つである。

マルコがアジアを旅した時代、アジアを旅行して中国まで達したイタリア人商人の数は決して少なくなかった。彼らの話を総合すれば、『東方見聞録』を書くことは充分可能だったはずだ。

訳される過程で、第三者に「加筆」された可能性

さらに杉山氏は、『東方見聞録』のなかには、**それが完成したと思える一二九八年には絶対知りえなかったはずの情報が平然と述べられている**とも指摘している。

実際、『東方見聞録』は、現存する手稿が中世フランス語やイタリア語、ラテン語、トスカナ方言、ヴェネツィア方言など、様々な言語のものが約百四十もある。しかしオリジナルの手稿はすでに失われており、現在のそれらは訳本の訳本にすぎない。**時代を経て訳本がつくられるうちに手が加えられ、内容が変化した可能性**は充分ある。

はたして本当にマルコはアジアへ行ったのか？『東方見聞録』の著書が別人だとしても、その内容はマルコの体験談だったのか？　謎は今も残ったままだ。

永遠の微笑をたたえる名画

ダ・ヴィンチの傑作『モナ・リザ』複数存在説の証拠

イタリアの巨匠レオナルド・ダ・ヴィンチの代表作『モナ・リザ』。最も有名な絵画であるとともに、最も〝謎〟が多い絵画でもある。

たとえば長らく論争になってきたのが、そのモデルだ。ダ・ヴィンチ自身説、母親説など多くの説が唱えられたが、今では図書館で発見された古記録などから、フィレンツェの富豪フランチェスコ・デル・ジョコンド夫人のリザがモデルというのがほぼ定説になっている。

『モナ・リザ』は、ルーブル所蔵以外にも複数存在する?

モデルの謎はこうして解明されたが、新たな研究によって、さらに複雑な『モナ・リザ』の事情が明るみに出てきた。それが『モナ・リザ』複数説である。

これは、ルーブル美術館に展示されている『モナ・リザ』以外にも、ダ・ヴィンチが同じ女性を描いた作品が複数存在するという説だ。

その根拠は、十六世紀の美術史家ヴァザーリが著した『美術家列伝』の『モナ・リザ』に関する記述である。それによると、

① **ダ・ヴィンチは一五〇三年頃に制作を始めたが、四年後に中止した。**

② **ダ・ヴィンチは『モナ・リザ』がお気に入りで生涯手元に置いていた。**

③ **ダ・ヴィンチは一五一六年フランスで、『モナ・リザ』をフランソワ一世に披露した。**

というのである。これだけなら、ダ・ヴィンチがたった一枚の『モナ・リザ』の絵を手元に置いていたともいえるが、問題を複雑にしている第二の証拠がある。それが、一五〇五年頃に描かれたラファエロのスケッチである。

「ラファエロがスケッチした『モナ・リザ』」の発見

これは、ラファエロが制作途中の『モナ・リザ』をスケッチしたもので、そのスケッチとルーブルの『モナ・リザ』を比べると、背景がまったく違っているのである。

というのも、ルーブルの『モナ・リザ』の背景には屋外の風景が広がっているのに対し、**ラファエロのスケッチの背景には古代ギリシア風の円柱が画面の左右に一本ず**

『アイルワースのモナ・リザ』（左）とルーヴルの『モナ・リザ』（右）

つ描かれているのである。そのため、このラファエロがスケッチした〝もう一つのモナ・リザ〟があるはずだといわれてきた。

実は、このもう一つのモナ・リザは、二〇一二年、発見された。

『アイルワースのモナ・リザ』と名付けられたこの絵は、ラファエロのスケッチの通り、左右に円柱が描かれており、スイスの財団「モナ・リザ基金」が真作と鑑定している。

ルーブルの『モナ・リザ』にも新たな謎が！

二〇一五年、フランスの光学研究者パスカル・コットによって、衝撃的な事実が明かされた。

コットが、独自に開発した特殊なカメラと

解析ソフトでルーブルの『モナ・リザ』を分析したところ、**『モナ・リザ』の絵の下に三枚の別のモナ・リザが描かれていた形跡がある**という。

このうち一番下の層に描かれた女性は、ルーブルの絵よりもアイルワースのモナ・リザに似ているという。

また、現在の絵のすぐ下の層は、やや現在の絵の女性よりも大きめに描かれており、こちらは下絵だったのではないかと考えられている。しかもこの層の絵の女性には、眉毛がくっきりと描かれている。

前述の美術史家ヴァザーリは、著書のなかでダ・ヴィンチの『モナ・リザ』には美しい眉があったことを指摘している。もしかすると、彼が見た『モナ・リザ』はこの作品だったのかもしれない。

そして真ん中の層の女性も、ルーブルの絵と似ているが、髪飾りをつけているなど違いがあるという。

このように、『アイルワースのモナ・リザ』以外にも、ルーブルの『モナ・リザ』自体にも複数存在説が当てはまる可能性が浮上し、複数説はさらなる広がりを見せているのだ。

第5章

新たな〝真実〟が判明！

ロマンあふれる「伝説」のミステリー

旧約聖書に記される大事件

「ノアの洪水」は本当に起こっていた？その痕跡がついに発見！

旧約聖書《創世記》六～八章に、ノアの箱舟についての記述がある。

堕落した人類に怒り、大洪水によって人も動物もすべてを地上から絶滅させる決心をした神は、篤（あつ）い信仰心を持ち、正しい生活を送るノアにのみそれを打ち明けると、箱舟をつくるように命じる。

ノアは神の命令に従って箱舟をつくり、その箱舟にすべての種類の生き物をひとつがいずつ乗せて、妻と三人の息子、その妻の八人で乗り込んだ。

ノアが箱舟の扉を閉じた直後に降り出した大雨は四十日四十夜続き、地表は水で覆われる。

地上に暮らしていた人々はみな洪水に押し流され、都市の文明は失われた。

やがて水が引き、ノアが箱舟から出ることができたのは一年以上も後のことだったという。

近代地質学によって発見された、大洪水の痕跡

この「ノアの洪水」の記述は、中世以来のキリスト教文化の影響もあって、十九世紀までは事実として考えられていた。ニューヨークのセントラルパークなど、世界各地に残る「迷子石」と呼ばれる巨岩の存在が、大洪水によってもたらされたものだろうと推測されていたからだ。

しかし、**近代地質学が成立し、氷河時代の存在が明らかになると、迷子石は氷河によって運ばれたものだと判明。**人類を滅ぼし去るような大洪水は起こりえないと考えられるようになった。

とはいえ、メソポタミア地方ではキシュやシュルパック、ウルなどの古代都市の遺跡から洪水にあった痕跡が発見されており、これをもとに『ギルガメシュ叙事詩』にある洪水の話がつくられ、さらにそれが聖書の洪水伝説に影響を与えたという指摘もなされてきた。

そうしたなか、**一九九七年以降、メソポタミアで起こったものとは比較にならない規模の「ノアの洪水」が、黒海沿岸において実際に発生していたという衝撃的な新説**が浮上する。

黒海で発生した「大洪水」の原因とは

きっかけは、一九九七年にアメリカの海洋地質学者ライアン博士たちが、今から約一万年前の最終氷期が終わった後、三千年をかけて黒海が干上がったという説を発表したことだった。その結果、現在のボスポラス海峡を地峡として地中海と黒海が分離し、黒海は地中海より百メートル以上も低くなったという。

低くなった黒海は流入する河川水によって淡水化し、黒海北部には浅瀬の陸棚が広がって、広大な陸地が出現した。平野ができればおそらくそこに人間が住み着き、農耕文化を築いたであろう。

しかし間もなく地中海と黒海を隔てていたボスポラスの堰は決壊し、**一日に五百億キロリットルという莫大な量の海水が地中海から黒海へと流れ込んだ。黒海の陸棚に形成されていた人々の生活圏は、瞬く間に押し流され、黒海の海底深く水没した**というわけである。

実際、調査によって黒海には、地上の河川の浸食作用によってできる海底谷があり、しかも、深い場所では淡水性の二枚貝の化石が発見されている。

そのすぐ上の深度の地層からは淡水と海水が混じり合う汽水で生息する二枚貝、そ

陸峡を形成していたかもしれないボスポラス海峡

してその上には海水性の貝に進化するという、「動物相の交換」が起きていたことがわかっている。

「ノアの洪水」は、実際にはいつ起こったか

そして、その洪水の時期は、放射性炭素同位体を調査したところ、**約七千年前**だと推測されている。

約七千年前といえば、すでに人類が農耕を開始しており、黒海の陸棚には定住型の都市すら築かれていたとしても不思議ではない。

旧約聖書における「ノアの洪水」の記述は、からくもこの大洪水から逃げることに成功した人々が、後世に語り伝えた事実だったのかもしれない。

キリスト教史を覆す!「裏切り者ユダ」による福音書

新約聖書によると、イエス・キリストは十二使徒の一人、イスカリオテのユダに裏切られ、死に追いやられたとある。

その根拠となっているのが、新約聖書に収録される『マタイによる福音書』や『マルコによる福音書』『ルカによる福音書』などに書かれている記述だ。

イエスを売り渡した〝裏切り者のユダ〟

たとえば、『マタイによる福音書』では、イスカリオテのユダが、イエスが過越(すぎこし)の祭の二日前に「あなたがたも知っている通り、二日後は過越祭である。人の子は、十字架につけられるために引き渡される」と自ら予言したとある。

そして、その予言通り、二日後に、後に最後の晩餐として知られる食事をした後に、ゲッセマネの園にて祈りを捧げたところへ、ユダとともに現われたイエスに反感を抱くユダヤ人たちに捕らえられる。そしてユダヤ教指導者の裁判と、ローマのユダヤ総督の尋問の末に翌日、十字架に磔けられてしまうのである。

ユダの裏切りの逸話の部分には、イエスを激しく憎むユダヤ教の祭司長たちのところへユダがおもむき、**「あの男をあなたたちに引き渡せば、いくらくれますか」**と尋ねたことや、使徒たちとともにいるなかで、ユダが近づいて接吻をした人物がイエスだと官憲に知らせる手筈になっていたことなどが、事細かに記されている。

その後ユダはイエス捕縛後に罪を自覚し、イエスの助命を願い出るも拒否され、自責の念に苛まれて自殺して果てている。だが以後その存在はキリスト教徒にとって忌むべきものとなり、悪魔のごとく憎まれる存在となった。

エジプトで見つかった『ユダの福音書』

ユダの裏切りの理由についてはこれまで、「悪魔に取り付かれたため」「イエスをユダヤ独立運動の旗手と捉えていたものの、一向に武装蜂起に踏み切らないイエスに業を煮やしたため」などといわれてきた。

しかし近年、ユダは裏切り者どころか、イエスの最も誠実な友人であり、弟子だったという説が浮上してきた。**イエスを官憲に引き渡したのも、裏切りではなく、イエスの指示に従っただけ**だというのである。

この新説が誕生したきっかけは、一九七〇年代にエジプト中部のミニヤ県において、パピルス写本の『ユダの福音書』が発見されたことだった。

発見者も発見地も正確には特定されていないが、**二世紀に編まれたものに間違いない**とされる。

『ユダの福音書』が発見されたのはこれが初めてで、研究者のチームが四年あまりの歳月をかけて修復と翻訳を行なった結果、驚くべき内容が明らかになった。

『ユダの福音書』——その衝撃的な内容

そこには、十二使徒のなかでもユダがイエスから特別扱いをされる選ばれた弟子だったことや、イエスがユダに自分を引き渡すよう求めたことなどがしっかりと記載されていたのだ。

これが事実であれば、イエスの受難と十字架は、イエス自身がなんらかの意図を持って描いたシナリオとなる。

何より**ユダは裏切り者ではなく、ユダ自身も大きな代償を払うことになる重要な役割をイエスから託された人物だった**ということになる。

この新説は何を意味するのか?

向かって左から五人目、銀貨の入った袋を持つのがユダとされる

『失われたキリスト教宗派』の著者バート・アーマンは、「もしユダがイエスを裏切っていなかったなら、キリスト教徒の見方は今とは違ったものになっていただろう」と述べている。

キリスト教の歴史が始まってからずっと、キリスト教徒は、イエスはユダの裏切りによってユダヤ人に殺されたと信じており、あくまでユダは裏切りの象徴だったからだ。

このように、『ユダの福音書』の記述に則(のっと)ると、キリスト教の歴史が大きく揺らいでしまう。そのため、この書がこれまで人々の目に触れなかったのは、黎明(れいめい)期のキリスト教会によって糾弾され、歴史から消されていたからだと推測されている。

カトリック最高の権威

歴代ローマ教皇が隠蔽？ 抹殺された「女教皇」

現在、カトリック信者は世界に約十億人いるが、それでもカトリック教会では、教皇に限らず聖職者はすべて男性、しかも独身でなければならないという原則がある。ローマ教皇はその頂点に立つ最高権威者で、キリストの直弟子ペトロの後継者、そして地上における神の代理人とされる。歴代の教皇は、もちろん全員男性である。

だが九世紀に、ただ一人の女性教皇が存在したという。その教皇がジョヴァンニ八世で、八五五年から二年七カ月もの間、教皇の座にあったというが、歴代教皇のリストには載っていない。

男装して聖職者の姿に

彼女はドイツ人、あるいはイギリス人と伝えられており、名前はジョヴァンニの女性形ジョヴァンナだったと考えられる。

彼女は早くに両親を失い修道女となっていたが、ある若い修道士と恋仲になった。

だが修道女も修道士も恋愛は厳禁であり、それならばとジョヴァンナは修道士のなりをして恋人と駆け落ちし、アテネに渡った。修道士は全身を覆う長い衣を身にまとっているので、男装は容易だったのだろう。

ジョヴァンナは学問に打ち込んで、知識人として知られるようになった。やがてこれが評判になり、ローマの神学校の教授に任命された。

当時は、修道士でさえ字を書けない者が多かったのだが、ジョヴァンナはギリシア語、ラテン語を自在に操り、アリストテレスのギリシア哲学まで講義した。時の教皇レオ四世までやってきて、彼女の講義に耳を傾けるほどだった。

その学識に感心した教皇レオ四世は、ジョヴァンナを秘書として抜擢した。こうして彼女は、教皇庁の中枢に足を踏み入れることになったのである。

なんとミサの最中に教皇が出産？

次第に地位を上げたジョヴァンナは、高齢だったレオ四世が病没すると、その後継者ジョヴァンニ八世として教皇の地位についた。教皇になるには、権謀術数渦巻く権力闘争を勝ち抜かねばならないが、ジョヴァンナを彼女のかつての教え子たちが、熱心に後押ししたのだという。

ところが、彼女は従者の青年との間に子を成してしまう。それでも、身ごもったまま教皇として振る舞っていた。医師に診せることもできないから、当然、出産予定日などわからない。そして迎えた臨月。**彼女はあろうことか、ミサの最中に祭壇の前で出産し、同時に女性であることが発覚してしまう**のだ。慌てて別室に運び込まれたジョヴァンニ八世ことジョヴァンナは、出血多量で死んだとも、スキャンダル発覚を恐れた人々によって撲殺されたとも伝えられる。

別の説によれば、行列を組んでサン・ピエトロ寺院を出て、ラテラーノ聖堂に向かう途中の狭い路地で産気づいて子供を産むとそのまま絶命し、驚き慌てたお付きの者たちによってその場に埋葬されたという。

教皇庁はこのスキャンダルをひた隠しに隠したが、女性教皇がいたという噂はその後もささやかれ続けた。それは長く消えることがなく、一六〇一年に時の教皇クレメンス八世が、ジョヴァンニ八世の伝説は完全なつくり話であるから、すべての肖像、胸像、聖堂の他、彼女に関わるあらゆる記録を抹殺するよう命じなければならないほどだった。

だが、占いに用いるタロットカードのなかには、「**女教皇**」という図柄の不思議な一枚がある。これこそがジョヴァンニ八世の姿なのだろうか。

円周率を発見した偉大な学者

ローマ軍に大苦戦を強いた数学者アルキメデスの超兵器

円周率や浮力の原理、梃子（てこ）の原理などに偉大な功績を残した数学者のアルキメデスは、紀元前二八七年に地中海のシチリア島の都市シラクサで生まれた。その名を聞いて多くの人が思い浮かべるのは学者としての姿であろうが、彼にはもう一つ、兵器開発者としての顔がある。アルキメデスは故国シラクサのために数々の兵器を開発した人物でもあるのだ。

しかもその兵器が、地中海制覇を目指すローマ軍をさんざんに苦しめたという。いったいそれは、どんな兵器だったのだろう。

シラクサは、シチリア島の東岸に位置し、ローマとカルタゴが戦った第二次ポエニ戦争においてカルタゴ側についた。そのため紀元前二一四年、ローマ軍に海上から包囲されてしまう。ローマ軍はマルケルス率いる大軍で五段櫂船（かいせん）（三本の櫂を上段二人、中段二人、下段一人で漕ぐ船）六十八隻を有し、陸上と海上両方から攻撃を開始した。

天才数学者は、兵器の開発にも才能を発揮

ここで大活躍をしたのが、アルキメデスによって開発された〝超〟兵器の数々である。まずシラクサ軍は、攻め寄せるローマ軍に対し**「アルキメデスのクレーン」**と呼ばれる起重機を海側の城壁の上に据えて迎撃（げいげき）したという。

これは梃子の原理を応用した兵器で、可動式のクレーンの先端につけた鉤爪（かぎづめ）を、敵の艦船の船首に引っ掛けると、滑車を使って高く持ち上げ、海面や地面に叩きつけるというものである。

またシラクサ軍は、同じ仕組みで巨石や鉛（なまり）の塊を持ち上げ、それを敵艦、および陸側の敵兵めがけて投げ飛ばした。巨石や鉛の塊は、船を粉砕して兵を押しつぶしたため、被害の大きさに**ローマ軍を率いるマルケルスは、「我らの軍船を盃（さかずき）に、海水を汲（く）み出している」と歯がみした**という。

アルキメデスの発明は、味方の損害を減らすことにも貢献した。それが「アルキメデスのスクリュー」である。円筒のなかで螺旋（らせん）状の板を回転させ、船内に溜まった水を汲み出して排出するもので、これにより味方の船は浸水による沈没をまぬがれるようになった。

アルキメデスが考案したとされるクレーン兵器。ローマの軍船を巨大なクレーンで吊り上げ、転覆させたという

太陽光で敵船を焼き払うことができたのか

彼が開発した兵器のなかには、**太陽の熱を利用し敵船や敵陣を焼き払うという、SF映画さながらのソーラー兵器**があったとされる。

これは巨大な凸面鏡に太陽光を集め、敵船に向けて照射して焼き払うもので、後代の書物にアルキメデスについての伝承として登場する。

だが敵船を焼くためには、凸面鏡を精密な角度で配置しなくてはならない。古くから多くの学者が再現を試み、はたして実現可能なのか、長らく議論の的となってきた。

十八世紀の博物学者ビュフォン伯ジョル

ジュ・ルイ・ルクレールは、十五×二十センチの鏡百二十八枚を使って、四十五メートル先の木片に点火することに成功した。

しかし現代の科学をもってしても、この方法で敵艦に火をつけるには長い時間がかかるし、その間、軍船がじっとしているはずもない。兵器としての実用性はなかったと考えられる。敵船に火を放ちたいなら、火矢を飛ばしたほうが簡単なのである。

●死の瞬間まで研究に没頭していたアルキメデス

アルキメデスの兵器のおかげか、その後シラクサはローマ軍の攻撃を二年半にわたって持ちこたえた。しかし紀元前二一二年、マルケルスが守備の兵の隙を突いて味方の兵を城壁の内側に侵入させたことで決着がついた。城門が内側から開けられて、ローマ兵がシラクサの街に乱入したのである。

このときアルキメデスは、地面に図形を描いて幾何(きか)の研究をしていたが、踏み込んできたローマ兵の足がそれにかかったので、**「私の図形を乱すな」**と一喝(いっかつ)したところ、怒ったローマ兵に殺されたという。

こうしてローマ軍を苦しめた超兵器の実態は、アルキメデスの死とともに永遠の謎となってしまった。

二つの島に刻まれた伝説の跡

ゼウスに海に沈められた島「アトランティス」は実在したか

はるか昔、大西洋のどこかにアトランティスという島があった。優れた文化を持ち、栄えていたが、あるとき、一日と一夜にして跡形もなく海底に沈んでしまった……。

これがまことしやかに語り継がれているアトランティス伝説だ。

プラトンの小説から生まれたアトランティス伝説

実はこの伝説、古代ギリシアの哲学者にして、「哲学の祖」であるプラトンの晩年の著書『クリィティアス』と『ティマイオス』から生まれたものである。

物語は、プラトンの時代（紀元前四二七年〜紀元前三四七年）からさかのぼること九千年の昔、「ヘラクレスの柱」の向こうに、海神ポセイドンがつくったアトランティスという名の国があった。

ポセイドンはある島の娘と結婚し、五組の双子の男の子をもうけた。ポセイドンは島を十に分けて子供たちに分け与え、そのうち最年長の双子のうちの先に生まれた子を島全体の王とした。この王の名前がアトラスだったので、国の名をアトランティスとしたという。国は大いに栄え、支配下の国からも物資が送られてきて、アトランティスに膨大な富が築かれていった。しかし、繁栄を謳歌するなかで人々の腐敗も進み、やがて凋落のときを迎える。そうしたなかでアトランティスは、アテネを盟主とする国々と戦おうとした。これがゼウスの怒りを買う。

ゼウスはアトランティスに地震と大洪水という罰を下したため、**アトランティスは一日と一夜で跡形もなく海底に沈んだ**という。

実在したミノア文明がアトランティスの舞台!?

アトランティスは、プラトンが書いた物語をヒントとして生まれた伝説だと考えられてきた。しかし、**伝説と酷似した文明が実際に存在しており、プラトンは史実を元に物語を描いたのではないかという説**がある。

その実在した文明とは、紀元前二五〇〇年頃のクレタ島に栄え、紀元前一四〇〇年頃に突然崩壊した**ミノア文明**である。一九〇〇年にイギリスのアーサー・エヴァンズがクレタ島でクノッソス宮殿を発掘して存在が明らかになった文明で、その後、複数

大噴火でクレタ文明を滅ぼしたとされるサントリニ島のカルデラ

の宮殿が発見された。

さらに、アトランティスでは雄牛を儀式に用いたとされているのだが、ミノア文明でも**牛にまつわる遺物や神話**が多く残っている。他にも港の遺跡や船を描いたフレスコ画が発見されるなど、様々な面で、プラトンの物語のなかに出てくるアトランティスと共通する点が数多く見られたのだ。

「ゼウスが下した罰」は、実際には火山の噴火だった？

しかも、クレタ島の北東部では火山灰や軽石が数多く見つかっている。火山活動によるものと考えられているが、クレタ島には火山はない。しかし、北方約百キロメートルの場所にあるサントリニ島では、現在も活発な活火山活動が起きており、**このサントリニ島の火山の噴火が、クレタ島に災いをおよぼしたのではないか**と考えられているのだ。

実際、サントリニ島では、紀元前一四〇〇年頃に大規模な火山の爆発が起きたことが、科学調査の結果によって判明しているし、サントリニ島のアクロテリでも大規模な宮殿が発見されたのだ。

アトランティスは「二つの島」だった？

アトランティス伝説の舞台がクレタ島とサントリニ島だったとすると、島が二つあることに疑問が残る。

しかしプラトンの物語のなかには、アトランティスの国土を「リビュアやアジアよりも大きい島」とする表現があると同時に、「半径九キロメートルほどの島」という表現もある。アトランティスという国が一つの島でなかったとしても不思議ではない。

ただ、プラトンが描いたアトランティスは、書かれた時代から九千年も昔ということになっているので、一万二千年も昔の物語だということになり、ミノア文明が滅んだとされる時期とは計算が合わない。これについては、プラトンが一桁(けた)年代を間違えたのではないかという解釈もある。ちょっと都合がよすぎるだろうか……。

カトリックの信仰のよりどころ

キリストの姿が映る「トリノの聖骸布」は、本物か偽物か？

現在カトリック世界で最も神聖とされている聖遺物（イエスが処刑されたときの遺品）の一つ「トリノの聖骸布（せいがいふ）」。聖骸布は十字架で処刑されたキリストを包み、埋葬する際に使われた布である。

縦四・四メートル、横一・九メートルの杉綾織（すぎあやおり）の亜麻布（あまぬの）で、布面には、血まみれの男性像とおぼしきしみがうっすらとついている。

しかしヨーロッパ各地には聖骸布と主張する布が複数あることもあり、この聖骸布が本物なのか、初めて世に出た一三五〇年代から今まで真偽論争が続いている。

イエスの「最期」を物語る布

トリノの聖骸布が歴史に登場したのは一三五三年のこと。フランスのサヴォイア・リレー公がリレー教会で公開したのが始まりである。リレー教会には多くの参拝客が押し寄せたが、すでに偽物だと主張する人も現われている。聖骸布はその後、トリノ大聖堂に保管された。

そうした一八九八年、ある衝撃的な出来事が起こった。

トリノの写真家がこの布を撮影したところ、**ネガ上にイエスの姿が浮かび上がった**のである。そこには、アゴヒゲをつけた顔がはっきりと映っていた。これはイエスの奇跡のパワーで映し出したものではないかと騒がれたが、そんなはずはないとする偽造説も絶えなかった。

「布そのもの」は、いつの時代につくられたものか

二十世紀に入ると科学的なアプローチが可能になり、次々と新事実が明らかになる。一九六九年の調査では、まず亜麻布にメスが入れられた。するとこの亜麻布は**紀元前に中東で生産された布**で、イエスの時代のユダヤ地方の縫い方であることが判明。さらに一九七六年には、ユダヤ地方の植物の花粉がついていること、一九七八年には、布に付着していた土がエルサレムに多い土であることが次々と明らかにされた。

さらに、この**布の人物の血はＡＢ型**であることなども判明した。おまけに胸と背のむち打ちによる損傷、手首や足の甲の釘(くぎ)の痕(あと)と見られる傷などが、聖書に記されたイ

エス処刑の状況と符合(ふごう)していたのである。

こうした鑑定からフランスの数学者デ・ゲール氏は、イエスの聖骸布である可能性が高いと結論づけた。

「本物説」を覆す、科学的新分析

ところがこれで落着とはいかなかった。

一九八八年、この説と真っ向から対立する調査結果により、偽造説が飛び出す。

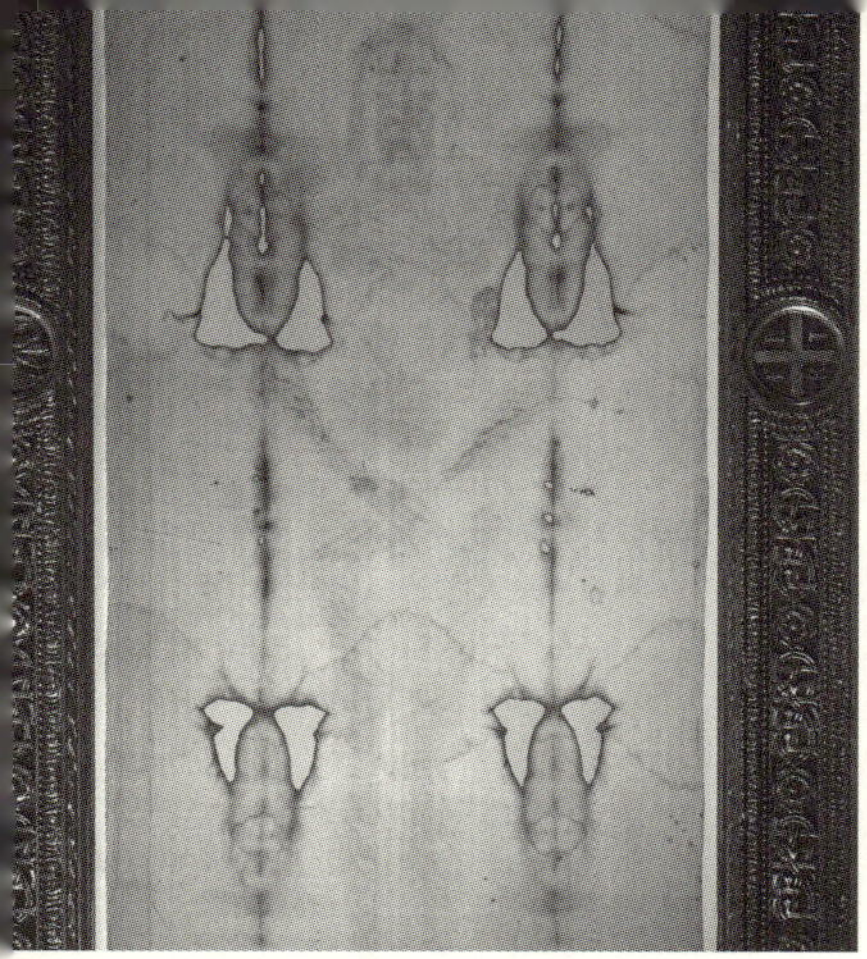

トリノの聖骸布。身長180センチほどの人物像が写し出されている

炭素年代測定を行なった結果、**この布は一二六〇〜一三九〇年の間のもの**と判明したのだ。つまり、布はイエスの時代より後世につくられた偽造とわかったのである。

しかし布に、顔料を塗った跡がないにもかかわらず、人体像や血の跡を残すなど、中世にこれほどの偽造品をつくる技術はなかったのではないかという謎も残された。

作成したのはあの「天才画家」？

そこで制作者と目されたのが、ルネサンス期に天才と称された、かのレオナルド・ダ・ヴィンチである。

リン・ピクネット、クライブ・プリンスの共著『トリノ聖骸布の謎』（白水社）では、これほどの偽造ができたのはダ・ヴィンチだけだったと書かれている。ダ・ヴィンチであれば、不可能と思えることも可能にしたのではないか、そんな想像も難くない。

こうして「トリノの聖骸布」は、偽物でほぼ落着したかと思われたが、二〇〇九年、ある新発見により、またもや事態は一変する。

この布から**「ナザレのイエス」**や**「処刑された」**という文字が見つかったというのだ。発見者はローマ法王庁の歴史研究家というから、あながち眉唾（まゆつば）ものとは片づけられない。もちろん後世の贋作者（がんさくしゃ）が書き入れた可能性も否定できないが、今では再び本物説が濃厚になっている。

はたして、二転三転する真贋論争に決着がつく日はやってくるのだろうか。

宝の地図をたどっても見つからない秘宝

「海賊キッドの財宝」は、いったいどこに埋まっている？

歴史上最も有名な海賊が、キャプテン・キッドことウィリアム・キッドだ。

一八八三年に発表されたスティーブンソンの冒険小説『宝島』のなかに出てくる「フリント船長の財宝」は、キッドの財宝をモデルにしているといわれ、エドガー・アラン・ポーの小説『黄金虫』（一八四三年）のなかにも、キッドの財宝が登場する。

これらはあくまで小説の話だが、本当にキッドが莫大な価値の宝を隠していたという伝説がある。根拠は、キッドが処刑される前日に書いた一通の手紙だ。

〝財宝のありか〟を明かさぬまま処刑されたキッド

キッドは、一七〇一年五月二十三日に、ロンドンの海賊処刑場で縛り首の刑に処せられたのだが、その前日、英国下院議長宛てに、**「私は西インド諸島で、十万ポンドにのぼる財宝を手に入れた。処刑を免除されるなら、財宝を政府に差し出す。財宝の**

ありかに案内する」といった手紙を送っていたのである。

しかし、キッドの申し出は無視され、処刑は決行された。彼の遺体はテムズ川に晒（さら）され、海賊行為に走る者たちへの見せしめとされた。こうしてキッドが持っていると記していた財宝のありかは、謎のまま残ったのである。

キッドは本当に財宝を持っていたか？

では、キッドは実際に莫大な財宝を隠していたのだろうか？

これについては、疑問がある。実は、キッドが略奪したことがはっきりしているのは、アルメニア船「ケダー・マーチャント号」と「メイドン号」の二船だけで、その他にはっきりした海賊行為の事実はないのだ。

しかも、彼は略奪品を船員たちと分けている。キッドが十万ポンド以上もの大金を所持していた可能性は高くないのだ。

海賊の代名詞としても語られるように、キッドは長く海賊として大暴れしていたようなイメージを持たれがちだが、活動期間も短く、しかも**もともとは海賊を一掃（いっそう）するために送り込まれた船の責任者**だったのだ。

海賊キッドは、もともとは「海賊を取り締まる責任者」だった

キッドによる海賊討伐計画を立てたのは、ニューヨークの総督に任命されたベロモント伯爵と、海軍大臣や大法官を含む数人の政府メンバーで、そこには英国王ウィリアム三世自身も加わっていたという。

キッドは彼らから非公式な資金援助を受け、海賊船から奪った戦利品の六十パーセントの分け前をもらう約束をして船を出した。残りはキッドに仕事を依頼した人物たちが山分けする計画で、ウィリアム三世も十パーセントの分け前をもらうことになっていたという。

海賊船とウィリアム・キッド

しかし、一年以上も大西洋とインド洋を航海したが、キッドの船はめぼしい収獲を得ることはできず、分け前をまったく受け取ることができない船員たちに不満が溜まっていった。そして、ついに船員の不満が爆発し、結局、キッドはどこの国の船でも無差別に襲う

海賊へと身を落としたのである。

しかし、キッドはわずか二船から略奪しただけで逮捕され、処刑された。彼の助命嘆願も無視された。その**処刑の裏には、キッドの口から真相をバラされないようにするための、国王をはじめとする影の首謀者たちの思惑があった**という噂もある。

発見された、「キッド直筆の地図」

ただ、一九四三年に、「ウィリアムとサラ・キッドの箱」という文字が彫り刻まれた箱が発見された。そのなかから、**キッドの筆跡で、島の緯度と経度が記され、財宝のありかが暗号化された地図が発見された**ことで、キッドの財宝を眉唾と見てきた雰囲気がにわかに変わる。

その島はシナ海にあると記され、日本の南西諸島の「横当島（よこあてじま）」や、トカラ列島の「宝島」が有力だという説もあるが、キッドが東洋の海まできた記録はない。他にもカリブ海を有力とする説や、北方のノヴァ・スコシア沖のオーク・アイランド島などが挙げられている。

多くのトレジャーハンターが探すなか、今も見つかっていないキッドの財宝。はたして世界のどこかに、今も眠っているのだろうか？

大航海時代から目撃され続ける「さまよえるオランダ人」

大航海時代に大海原を駆けた船乗りたちを震え上がらせながら、現代になっても語り継がれているのが、「フライング・ダッチマン（さまよえるオランダ人）」の幽霊船伝説である。

アフリカ大陸の最南端、南アフリカの喜望峰（きぼうほう）沖をさまよっており、運悪くこの幽霊船に遭遇した者は、呪われて、必ず不幸が訪れるという。

なぜ、その幽霊船は海をさまよい続けることになったのか

伝説によると、オランダ人船長のヘンドリック・ファン・デル・デッケンは、優秀な船乗りで自分の腕を過信していた。あるとき、喜望峰を回って母国オランダへ帰ろうとすると暴風雨で海がしけてきた。

乗組員たちは、海が静かになるまで港へ退避したほうがよいと勧めたが、ヘンドリ

ックは「**暴風雨なんて気にしない。私の船はたとえ神であっても沈めることはできない**」と豪語した。

この啖呵が神の逆鱗に触れ、以後、ヘンドリックの船は永遠にさまよい続ける運命となったという。それが、一六四一年のことだった。

遭遇談が後を絶たない「フライング・ダッチマン」

以来、この幽霊船の目撃情報が後を絶たなくなった。長い航海を終えてヨーロッパへ戻った船乗りたちは、暴風の吹きすさぶ喜望峰沖で、波間に漂うオランダ船を見たと語り合った。集団ヒステリー説も唱えられるが、そうした幻覚説を否定するのが、イギリスのジョージ五世の目撃談であろう。

王太子時代、ジョージ五世は海軍士官として戦艦バカンテ号に乗船し、メルボルンとシドニーの間で「フライング・ダッチマン」に遭遇したという。時は一八八一年七月十一日の朝のことで、最初に幽霊船を見つけた当直が即死。さらに、戦艦が港に着いた途端、副長までもが急死したと伝わる。

その後、第二次世界大戦中も目撃情報は絶えなかった。**幽霊船は突如として現われて、接近してきて、「ダメだ。もうぶつかる」と思った瞬間、消えてしまう**のだとい

激しい風が吹きつける喜望峰の沖合が、幽霊船伝説の舞台となった

う。

一九五九年十月にも、幽霊船の目撃情報がある。目撃したのは、オランダの貨物船ジェトラート・マゲルヘーン号の船長を務めていたアルグラだ。

アルグラによると、幽霊船はやはり突然現われ、ぶつかる寸前に消えてしまったという。

ただの伝説にしては、目撃者が多すぎるし、しかも長年にわたっているのが、この幽霊船の特徴だ。

はたして、神の怒りに触れたヘンドリックに救いの時が訪れることはないのだろうか？

今でも、幽霊船の呪いは、たまたま遭遇してしまった人々にもふりかかるのか？

その正体は、今も昔も謎のまま解明されていない。

シルクロードに栄えたオアシス

中国ロマン薫る幻の古代都市「楼蘭」はなぜ滅んだか

中央アジアを横断する東西交易路として栄えたシルクロード。その重要な補給地としてタクラマカン砂漠の東端に栄えたのが、オアシス都市「楼蘭(ろうらん)」である。

長安から辺境の町・敦煌(とんこう)に至り、そこから玉門関(ぎょくもんかん)を出て半月あまりで当時のキャラバンは楼蘭の都クロライナへとたどり着く。楼蘭はそこから西域(さいいき)へと向かって西へ延びる、西域北道、西域南道の分岐点にあたり、繁栄を約束された土地であった。

楼蘭の名はそのエキゾチックな響きもあって、独特のロマンを感じさせる古代都市として日本人にもなじみ深い。

砂漠に埋もれた〝幻の都〟

その名の初見は、紀元前一七六年に匈奴(きょうど)から漢に送られた書簡で、一世紀から五世紀頃まで独立国として栄えたとされている。しかし、いつしか砂漠の砂嵐の下に没してしまった。

楼蘭の仏塔の址。楼蘭王国は、湖の移動とともに滅び去ったという

そうした楼蘭を発見したのは、一九〇〇年、幻の湖とされたロプノールを探索していたスウェーデンの探検家、スウェン・ヘディンである。

都市の中心である楼蘭城は、高さ約十メートルの仏塔を中心に、一辺三百十～三百三十メートルの城壁で囲まれていた。仏塔の隣りには、大規模な木造建築や漢の軍隊の駐屯地と見られる建物の跡が残る。

楼蘭の人々が都を捨てた理由

かつて楼蘭は、ロプノール湖と深い関係にあると思われていた。

街のなかには、湖から流れる川を利用した水路があり、重要な水源となっていた。しかし、ロプノール湖は、**「さまよえる湖」**と呼ばれるように、位置、面積などが大きく変化する。そのため**楼蘭の町が滅びたのは、ロプノール湖の移動によって川の流れが変わり、それに対応できなくなったのが原因といわれてきた。**

ところが、最近の研究によると、そこに疑問が生じる。

中国の歴史書『史記（しき）』には、楼蘭が塩湖に臨むことが記されているため、湖畔のオアシスだと思われがちだが、実際は楼蘭を支えた水はロプノール湖の水ではなく、ロプノール湖へ注ぐタリム川とコンチェ川の水だったことが判明したのだ。その証拠に、ロプノール湖と楼蘭は約三十キロの距離を隔てており、このタリム川とコンチェ川に挟まれてロプノール湖と楼蘭を結ぶ水路が城を通っていた。

こうしたことから、**楼蘭が歴史の舞台から姿を消したのは、ロプノール湖の位置の変化によるものではなく、ロプノール湖にそそぐ川の流量の減少が原因ではないか**という説に変わっているのだ。

かくして生活を支えていた水を失った楼蘭の人々は、都を捨て北方へと移住していったといわれている。

さまよえる湖と運命をともにしたと考えるほうがロマンを掻き立てるかもしれないが、はたして真相はどちらなのだろうか。

第6章

謎のヴェールに包まれた

身も凍る「狂気と怪奇」のミステリー

娼婦を狙った連続殺人事件

ロンドンを震撼させた「切り裂きジャック」の意外な正体

世界中には犯人が特定できず、長く迷宮入りのまま「歴史の一部」と化して伝説化された事件が少なくない。その一つ、百年以上も前の事件であるにもかかわらず、いまだ人々から忘れ去られることがない衝撃的な事件。それが、一八八八年のロンドンで起きた「切り裂きジャック事件」である。

貧しい娼婦が次々と切り裂かれた

一八八八年八月三十一日、ロンドンの貧しい下町ホワイトチャペルで、メアリー・アン・ニコルズという娼婦が喉(のど)を切り裂かれて殺されているのが発見された。さらに九月八日にはアニー・チャップマンが、九月三十日にはエリザベス・ストライドとキャサリン・エドウズ、さらに十一月九日にはメアリー・ジェーン・ケリーが切り裂かれて殺害されたのだ。とくに五人目の犠牲者メアリー・ジェーン・ケリーに至っては、皮膚や内臓をバラバラに切り裂かれるという最も凄惨な遺体となって発見され、その猟奇性がロンドン市民を恐怖におとしいれた。これら切り裂きジャックによる犯行と断定された五件の他にも、前後に類似の六件の事件が起こっており、切り裂きジャックの犯行である可能性が示唆されている。被害者はすべて娼婦だった。

王族の〝ある人物〟までが犯人候補に

この事件は、いまだ犯人が特定されていないが、容疑者の数だけは驚くほど多い。なんと**百人を超える容疑者の名前**が挙がったのである。しかも、自分が犯人だと名乗る手紙が何通も届いた。

その結果、〝ジャックは誰か〟、多くの憶説が出た。**刃物の扱いに慣れており、解剖学的な知識も持ち合わせていると思われる**ことから、警察は医療従事者か肉食処理業者が犯人である可能性が高いとしていたが、ついには王室の人物までが容疑者として疑われる事態となる。

その人物とは、**当時の英国王、ヴィクトリ**

風刺雑誌に掲載された切り裂きジャックの絵

ア女王の孫、クラレンス公アルバート・ビクターだ。当時彼は梅毒(ばいどく)に冒(おか)されていて、精神に異常をきたして娼婦に強い恨みを抱いた末の犯行だとささやかれた。しかし事件発生時にクラレンス公はフランスにおり、アリバイは成立していた。

あるいはクラレンス公が貧民に子供を産ませてしまったので、そのスキャンダルから世のなかの目をそらすために、英国王室や警察、フリーメイソン、当時の英首相ソールズベリー卿が結託して事件を起こしたという陰謀説まで指摘されている。

〝男娼宿スキャンダル〟の隠蔽のためだった？

また当時、イギリスでは男性の同性愛が法律で禁じられていたため、ロンドンのリージェント・パーク近くのクリーヴランド・ストリートで、少年たちが客を取っている男娼宿が警察に摘発された。

この男娼宿の利用客のなかに、アーサー・サマーセット卿やユーストン伯爵、ジャーヴォイス大佐といった貴族や軍の重鎮の名前があったため、「クリーヴランド・ストリートの醜聞」と呼ばれる一大スキャンダルとなった。

この**事件から世間の目をそらすための隠蔽工作として、切り裂きジャック事件が起こされたという説**もささやかれた。

ロンドン中が戦慄！「切り裂きジャック」犯行MAP

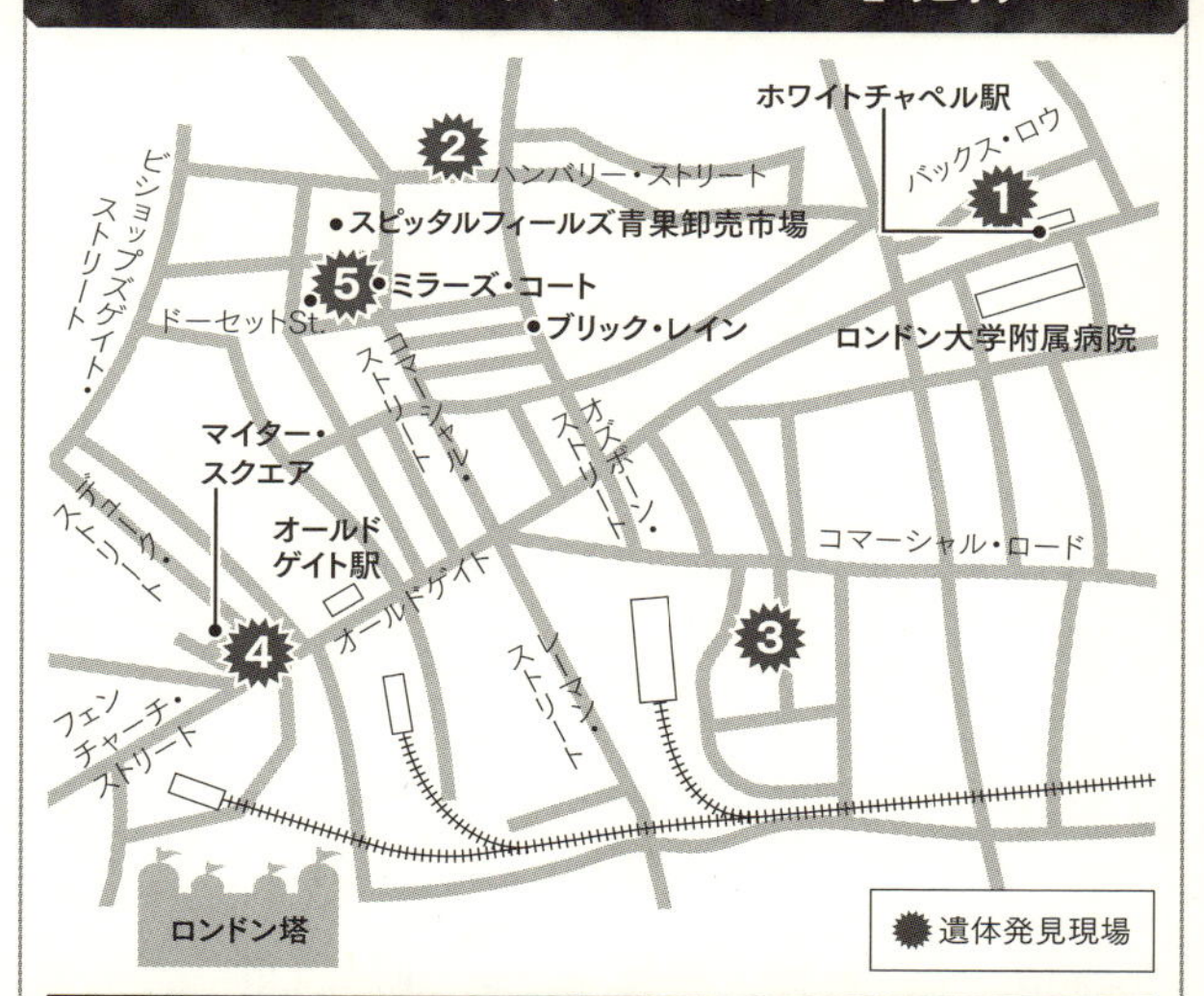

番号	日時（1888年）	場所	被害者
1	8月31日 午前3時15分～3時40分	バックス・ロウ	メアリー・アン・ニコルズ
2	9月8日 午前5時30分～6時	ハンバリーSt.29番地	アニー・チャップマン
3	9月30日 午前0時45分～1時	バーナーSt.国際教育倶楽部ハウス	エリザベス・ストライド
4	9月30日 午前1時35分～1時45分	オールドゲイト マイター・スクエア	キャサリン・エドウズ
5	11月9日 午前2時～4時	ドーセットSt. ミラーズ・コート長屋	メアリー・ジェーン・ケリー

「女性犯人説」の根拠になったものとは？

王室関係では、ヴィクトリア女王の侍医で産科医師のジョン・ウィリアムズ卿の名前も上がったし、そのウィリアムズ卿の妻リジーが犯人だとする女性犯人説まで登場した。

この女性犯人説は、二〇〇五年頃に**「切り裂きジャック」の真筆とされる手紙を鑑定したオーストラリアの研究者が唱えた説で、その手紙の筆跡が女性のものであると**したためである。

最近では、リヴァプールの木綿商人ジェイムズ・メイブリックが怪しいという説が出てきた。

彼の日記に、本来警察しか知りえない情報が書かれていたことと、彼の懐中時計の内部に、「俺はジャックだ」という文と、五人の被害者のイニシャルが刻まれていたからだという。

とはいえ、彼らが犯人だったという確実な証拠は存在せず、「切り裂きジャック」の真犯人は、今もって謎のままなのだ。百三十年を経て、未解決の事件が解決する日はくるのだろうか？

戦場の奇跡「モンスの天使」

第一次大戦中の戦場に「天使」が現われ、イギリス軍を勝利に導いた!?

戦場で、「もうこれまでか……」と諦めかけた瞬間、人知を超えた奇跡が危機に瀕(ひん)した兵士たちを救う――。まるで映画やドラマのようなことが実際に起こった。それが、第一次世界大戦中の一九一四年八月二十三日、ベルギーのモンスで起きたという奇跡である。

この日、イギリスとフランスの連合軍は、ベルギーのモンスでドイツ軍の総攻撃を受けてしまった。迫りくるドイツ軍は連合軍の三倍の戦力を有し、装備も連合国軍のものよりもはるかに充実していた。英仏連合軍の兵士は撤退もままならぬ状況となり、全滅を覚悟したという。

"天使の援軍"が、ドイツ軍を追いやった

ところが、このとき、信じられない奇跡が起こる。中世の騎士さながらの甲冑(かっちゅう)をま

とい、光に包まれた兵士の大軍が突如現われ、ドイツ軍へと弓矢を射かけたのである。

その兵士の大軍の姿は、まるで天使のようだった。

この天使の援軍に驚き、ドイツ軍が動けなくなった隙に乗じて、モンスの英仏連合軍は無事に撤退することができたのである。

この奇跡は、帰国した兵の話などにより、一九一五年春くらいからイギリス国内で「モンスの天使」として広まり、国民の誰もが知る奇跡とされた。

都市伝説か、本当に起こった奇跡か

ところが、この奇跡に真っ向から反論した人物がいた。作家のアーサー・マッケンである。実は、この**モンスの天使の奇跡は、彼が書いた短編小説『弓兵（きゅうへい）』と内容がそっくり**なのである。

しかも、この小説が出版されたのは、モンスの天使の噂が広まった一九一五年春で、時期的にもぴったり符合する。もし、本当に奇跡が起こったならば、一九一四年秋くらいには噂になっていてもいいはずだ。

奇跡だったのか、マッケンの主張通り、彼の小説をモチーフにした単なる都市伝説だったのか？

都市伝説として決着がつきそうになったが、モンスの天使の奇跡の〝証拠〟を挙げる人々もいる。

たとえば、イギリス軍の旅団長ジャン・チャタリスの手紙である。これは、チャタリスが妻に宛てたもので、**マッケンの小説が発刊される二週間前に書かれたもの**である。そこには、確かにモンスの天使の奇跡について書かれていた。チャタリスは総司令部の情報部長だったから、このような機密事項を知っていた可能性は高い。

数々の確かな「天使の目撃談」

また、戦場で兵士たちの看護にあたっていた看護師フィリス・キャンベルの証言もある。彼女は、負傷した複数の兵士たちから、モンスの天使の話を直に聞いたという。

一九一五年八月二十四日付けの『デーリーメール』紙には、実名の目撃者の記事がある。第一チェシャ連隊所属のロバート・クリーヴァー一等兵は、「確かにモンスの天使を見た」と語っている。**彼が目撃したモンスの天使は、光そのもので、この光の出現により、ドイツ兵がひるんだ**という。

当時は戦時下で、戦場の情報がすぐに国民に知らされるわけではなかったから、多少のズレがあってもおかしくない。

あるいは、この目撃談は、イギリス兵だけでなくドイツ兵からも寄せられた。一九三〇年二月十七日付けのロンドン『デーリーニューズ』紙の記事では、ドイツ帝国情報部元職員のフィリードリヒ・ヘルツェンヴェルト大佐の話として、兵士たちは確かに敵方にモンスの天使の援軍を見たという。

「モンスの天使」の正体は――

ただし、この話には続きがある。

大佐によると、**確かに天使の援軍を見たが、それは、イギリス軍によって戦場の空に浮かぶ白い雲に映し出された映像トリックで、それにドイツ兵は動揺してしまった**のだという。そして、イギリス軍はこの真実を知っていたが、あえて兵士の士気を高めるために奇跡としたのだという。

一度否定されたモンスの天使であるが、味方のみならず敵方からもその存在を認める証言者が現われたのだ。

戦場は、迷信といったものが入り込む余地などないように思えるが……戦闘の極限状態は、かえって奇跡とつながりやすいのかもしれない。

遠征中に全員失踪

アケメネス朝ペルシアの精鋭五万人が、一夜にして砂漠に消えた怪事件

紀元前五二五年、アケメネス朝ペルシアを統治するカンビュセス二世は、エジプトを征服し、古代オリエント世界の統一を成し遂げた。

しかし、カンビュセス二世は、それだけでは満足しなかった。さらに版図を広げようと、カルタゴやエチオピアなどへも遠征した。そのなかで、不気味な失踪事件が起きたのが、リビア方面シーワ・オアシス（アンモン）への遠征である。

この遠征には、**精鋭五万人が派遣されたものの、この大部隊がリビア砂漠を横断中、忽然と姿を消してしまったのである。**誰一人帰還せず、遺品さえも残さなかったため、彼らの身に何が起こったのか、まったくわかっていない。

◉五万人の兵が失踪した場所はどこか？

彼らはなぜ、跡形もなく消えてしまったのか。その謎を探るため、一九八二年、科

学技術を用いた捜索が行なわれたが、成果は報告されていない。

日本の地質学者で『古代文明不思議発見』（原書房）を著した金子史朗氏は、ヘロドトスの著書『歴史』を参考にペルシア兵の失踪場所を推定した。

『歴史』には、オアシスの町から砂漠をアンモン方面へ向かい、アンモンまでほぼ中間に達したとき、突然吹き付けた猛烈な南風が巻き起こした砂嵐によって、生き埋めにされたと記述される。

金子氏の推定によると、失踪場所はファラフラよりも西、シーワの南東あたりではないかという。そのあたりは、当時オアシスがあったとされ、そこで休息中のペルシア軍がオアシス都市ごと消えてしまったのではないかと金子氏は考えている。

原因は砂嵐といわれているが……

とはいえ砂嵐が、砂漠を横断する五万人もの人間を一度に消せるものなのだろうか。誰一人生還できないほどの現象なのだろうか。

金子氏は、『歴史』のなかの**「南風が突然吹きつけた」**という記述に注目した。遭難場所と目されるあたりの風は、一年を通じて北風が多いのだが、ときたま、それとは逆の南風になることがある。この南風が吹くときは、強力な低気圧の風になってい

アケメネス朝が誇る精鋭の失踪現場となったシーワ・オアシス

ることが多く、これに巻き込まれた地域には甚大な被害が出るケースが多い。

その風は砂埃(すなぼこり)を巻き上げるだけではなく、小動物まで空に吸い上げるほどの力を持つという。こうした**南風の砂嵐が起こったのなら、短時間のうちにオアシスと五万人の兵士を砂に埋もれさせてしまってもおかしくない**のだそうだ。

たとえば、一九六八年には、サハラ砂漠で吹いた風の影響で、イギリス南部で泥の雨が降ったことがあったほどだった。

たとえこの砂嵐から生き残った者がいたとしても、砂漠をさまようなかで、食糧や水が尽き死に至ったことだろう。

自然の猛威はときとして、信じがたいミステリーを残すといえよう。

乗組員全員が忽然と姿を消した

無人のまま漂流を続けていた、メアリー・セレスト号のミステリー

一八七二年十二月五日、アゾレス諸島とポルトガルの間の北大西洋で、ニューヨークの港を出てジブラルタルに向かい、大西洋を横断していたデイ・グラシア号が、おかしな様子で帆走（はんそう）している船を発見した。

その船、メアリー・セレスト号に信号を送ってみたが返事はなく、救助のために乗り移った船員たちは、船内がまったくの無人であるのを知った。

無人で航海を続ける船には何があったのか

それなのに**船内は、食べかけの料理や吸いかけのタバコの跡があり、船員たちの衣類や身の回り品もそのままで、ついさっきまで人がいたかのような様子**だった。

航海日誌を調べてみると、十一月二十五日を最後にその後は何も書かれておらず、メアリー・セレスト号が約九日間にわたって漂流していたことが判明した。船体はどこも傷（いた）んでおらず、食糧も水もたっぷりあるというのに、である。

ともかくデイ・グラシア号は、メアリー・セレスト号を曳航してジブラルタルの港に入り、この不思議な出来事も、海事法廷に持ち込まれて綿密な調査がなされた。

船長と妻と娘、七人の船員が失踪

メアリー・セレスト号は、もともとアマゾン号という名前で一八六〇年に建造された船だった。

ところが、事故や座礁を繰り返したため大規模な修理が施され、新たにメアリー・セレスト号という名前を与えられてニューヨークからイタリアへの航海に出たばかりだった。

積み荷は原料アルコールのみで、乗員は船長のブリッグスと七人の船員に加え、船長の妻と二歳の娘も乗船していた。それからわずか一カ月足らずで、無人の船となっていたのである。

調べてみると、**救命ボートや、船長室にあるはずの航海計器類や測定器類などの航海道具がないことが判明した。**舷側には新しい傷があり、積み荷のハッチは二つはがれていた。**積み荷の原料アルコールは樽が一つだけ壊れ、中身が流出していた。**

だが、乗員の行方も、なぜ無人になったのかも、杳として不明だった。

乗組員が姿を消した理由の、様々な憶測

原因については、様々に取り沙汰された。

海上竜巻に遭ってパニックにおちいった、あるいは食中毒にかかって幻覚を見るようになり、全員で脱出しようした。

船員が反乱を起こして船内で殺し合いになり、相討ちになった。

デイ・グラシア号の船長が、海難救助料目当てに皆殺しにした。

船長同士が海難救助料目当てに、共謀して芝居を打った。

金塊（きんかい）を積んだ船に遭遇して、全員がそれに乗り移って姿をくらました、などである。

巨大なイカが、全員を船の舷窓から吸い出したといった珍説まで出た。

しかし、どれも決め手に欠けており、一八七三年に海事法廷は、メアリー・セレスト号が海上で遺棄された理由は不明であると認め、その後も船長以下乗組員が発見されることはなかったのである。

〝救命ボート〟はどこへ消えたか

メアリー・セレスト号の謎について、現在では**積み荷の壊れた原料アルコールの樽**

に着目する説が中心である。

当時は、船員がそのアルコールを開けて飲み、酔っ払ったのが原因ではないかという向きもあったが、船員ならばどんな酒好きであっても、原料アルコールをわずかでも口にしようものなら、強烈に胃が痛み、失明することさえあるのを知っているから、手を出すはずがない。そこで航海日誌に注目すると、二十四日の夜には激しいスコールがあったが、朝には風もすっかりやんだとある。ニューヨークと大西洋の真ん中との温度差と、スコールによる激しい揺れで、樽の中で気体が大量に発生して爆発、ハッチを吹き飛ばした可能性があるのだ。

これ自体はそう危険なことではないが、それを知らなかった一同は、慌てふためいて救命ボートに乗り移った。しかもケーブルをつないでおかなかったので、吹き始めた強風によって、メアリー・セレスト号は救命ボートを残して遠ざかっていった……。

大西洋のど真ん中を漂流する羽目になった人々の運命は、推(お)して知るべしである。

その後、メアリー・セレスト号は、呪われた船と呼ばれ、幾人ものオーナーの間を転々とした。だが、関わった者は利益をあげるどころか、自殺したり事故に遭ったり、気が狂ったりするといわれ、西インド諸島でまたもや座礁すると、そのまま放置されて朽ちていった。

ノイシュヴァンシュタイン城を建てた

狂王ルートヴィヒ二世は、〝あの人〟の元へ逃げ出そうとした？

一八六四年に即位したバイエルン国王ルートヴィヒ二世は、芸術を愛した人物であった。しかし君主としての本分である政治に関心を示さず、ノイシュヴァンシュタイン城をはじめとする城の建設に夢中になったり、音楽家のワーグナーに桁外れの支援をするなどの浪費にふけったことで「狂王」というあだ名で呼ばれるようになった。

その結果、国家財政は逼迫する一方で、ついに大臣たちは王の廃位を画策。そして精神科医のグッデン博士が下した、王は精神病であるという診断を理由に、一八八六年六月十二日にルートヴィヒ二世を廃してベルク城に幽閉したのである。

幽閉された王は、侍医を絞め殺して水死した？

廃位の翌日、王は近くのシュタインベルク湖畔を散策したいと言い出したという。そこで侍医であるグッデン博士が付き添ったが、天候が急変して激しい雷雨となっても二人は戻ってこない。大騒ぎになって捜索を行なったところ、その夜十時になって、

ルートヴィヒ二世が最期を遂げたシュタインベルク湖

湖の浅瀬で二人の死体が発見された。

グッデン博士の首には絞められた痕跡があったことから、王に絞め殺されたと考えられる。博士の下した診断によって王は廃位、幽閉に追い込まれたのだから、王が博士に恨みを抱いていたと見るのが自然であろう。

一方の王の死因は、水死であった。王は泳ぎが得意だったが、**博士ともみ合っているうちに足を滑らせて溺れた、あるいは冷たい水のなかで心臓発作を起こしたとも考えられる。**また、王位を追われたことで絶望し、自殺した可能性も指摘されている。

逃亡の手引きをしたのは、「あの人物」？

だがこのとき、ルートヴィヒ二世は逃亡し

ようとしていたという説がある。しかも手引きしたのは、**オーストリア皇妃のエリザベート**だというのだ。

その美貌で知られ、後世の多くの映画や演劇にも取り上げられているエリザベートは、ルートヴィヒ二世より八歳年上で、彼の父親の従妹にあたる。

二人は親しく訪問し合い、会話や手紙のやり取りを繰り返しては心を通わせていたが、男女の関係にあったわけではない。そもそも王は同性愛者であり、二人はどちらも宮廷生活になじめず孤独を好み、趣味嗜好に没入するといった共通点が多く、姉と弟のような仲だった。

事件前に目撃されていた〝見慣れぬ馬車〟

王が幽閉されたとき、エリザベートはシュタインベルク湖の対岸のフェルダフィンクに滞在していた。これは偶然であろうか。

しかも、幽閉された王にエリザベートが面会しようとして、側近に阻止されたという記録が残っている。

二人の間で逃走計画が立てられていたという噂は早くから流れ、**事件が起こる前にベルク城の付近に見慣れぬ馬車が停まっていたのを見た、城の鉄柵前の泥道に馬車の**

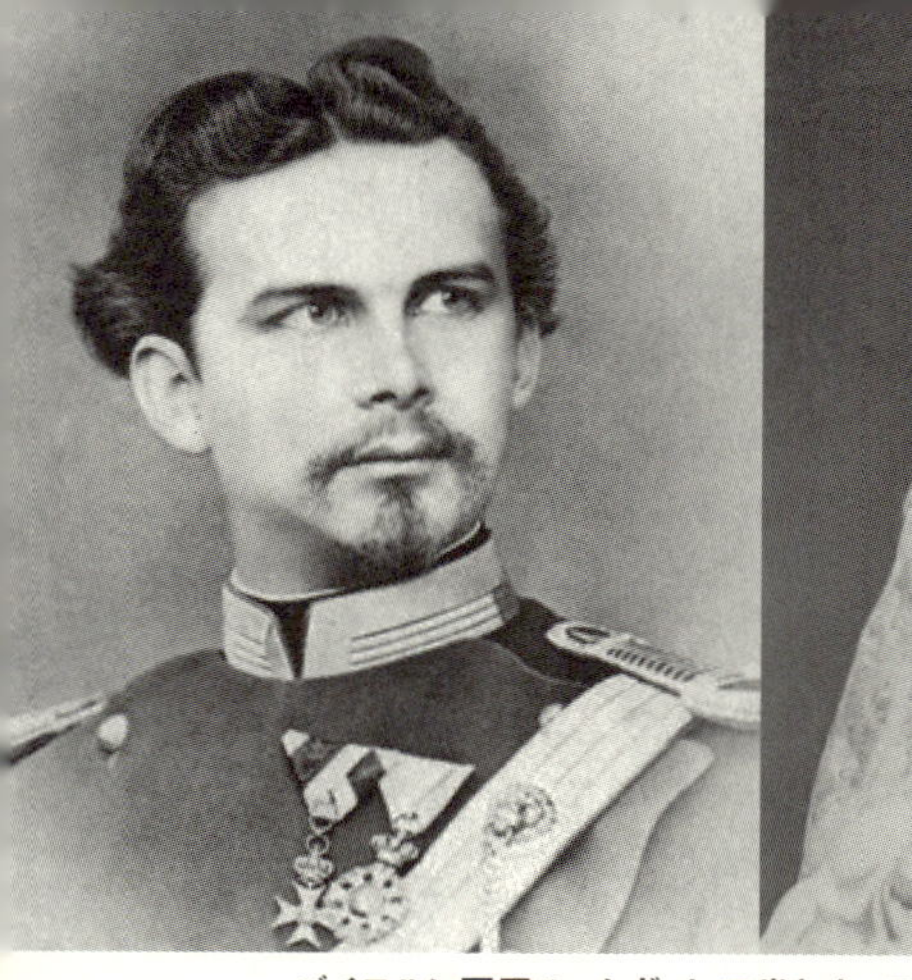

バイエルン国王ルートヴィヒ二世とオーストリア皇后エリザベート

轍跡（てっせき）があったのを見たと話した目撃者もいたという。

これが本当であれば、王はベルク城を抜け出して、馬車で逃走しようとしていたが、それをグッデン博士が阻止しようとしたため絞殺し、自分は水死してしまったことになる。

ルートヴィヒ二世の死を知ったエリザベートは、その棺（ひつぎ）の前で失神して倒れるほどの衝撃を受けた。

意識を取り戻してからも、**「王は死んだふりをしているだけだから、礼拝堂から連れ出すように」**と言い張り、葬儀にも出席しなかったという。

だが、逃亡計画の証拠となる手紙などは発見されておらず、真相は不明のままである。

マルコ・ポーロが克明に記した

イスラム世界「アサシン=暗殺教団」の恐ろしすぎる実態

十一〜十三世紀のイスラム世界には、他の国々の為政者や政治家、高官を震え上がらせた暗殺教団が存在した。「アサシン」である。

アサシンとは本来、ヨーロッパ人がイスラム教シーア派・イスマーイール派の一派であるニザール派を指した名称であった。しかし、今ではアサシンといえば「暗殺者」というイメージだ。

影響力のある人物を、次々に暗殺

アサシンをつくったのは、ニシャプールの大学で学問を修めた神学者ハッサン・ビン・サバーフで、本来、アサシンではなく「アッダワ・アルジャディータ（新しい教義）」と名乗っていた。

イスラム教はスンニ派とシーア派に大別され、多数派はスンニ派である。しかも十一世紀当時、スンニ派のセルジューク朝が西アジアのイスラム世界の実権を握っており、ますますシーア派は劣勢となった。

そのシーア派の王朝は、九〇九年に北アフリカに成立したファーティマ朝が、勢力拡大を狙っていた。そうした情勢下でシーア派の勢力を拡大する策として、ハッサンが結成したのが暗殺教団だったのだ。**数では劣るが、スンニ派の有力者など、影響力のある人間を暗殺することで、存在意義を示そうとした**のである。

暗殺教団の犠牲者のなかには、セルジューク朝の宰相ニザーム・ムルクやスンニ派の要職者などが数多く記録されている。

暗殺教団が、若者を勧誘した際の〝魔の手段〟

暗殺者にはつねに死のリスクが伴う。暗殺に成功しても、ターゲットの護衛によってその場で殺される場合が多かった。にもかかわらず、なぜ教団の団員は危険な任務を行なっていたのだろうか？

マルコ・ポーロが記した『東方見聞録』には、アサシンに関する記事が次のように出ている。アサシンの本拠地はカスピ海南岸にあるエリブルズ山中。ここにある砦（とりで）アラムートを奪い、居住していた。ハッサンは**「山の長老」**と呼ばれ、ここから指令を出したが、自ら砦を出ることはなかった。

暗殺者の勧誘は、まず誘拐である。スカウト役が各地におもむいて、**屈強で暗殺者の素質がありそうな若者を見つけると、麻薬（ハシシ）を嗅がせて気絶させ、砦まで連れてくる。連れてくると、様々なご馳走や美女を侍らせて歓待する。**もちろん麻薬も盛られ、ここで快楽をむさぼる時間を過ごす。

そうした生活に慣れた頃、再び村へと戻してやる。だが突然、昔の貧しく退屈な暮らしに戻った若者は困惑する。あるいは、すでに麻薬がなくては我慢できない体になっているかもしれない。そんなとき、勧誘者が現われ暗殺教団に入り、山の長老の指令に従って、暗殺を成功させれば、また豪勢な暮らしに戻れるとささやくのだ。

人々を戦慄させた〝派手な暗殺方法〟

アサシンの殺害方法は、短剣を使うのが特徴だ。これは、ターゲットを確実に殺すために、極力接近して行なう殺害方法として有効だからだ。そして教団の恐ろしさを世に示すためでもあった。

暗殺というと、人知れずひそやかに遂行されるイメージがあるが、アサシンの場合、**その存在を誇示するために、あえて人々が集まる場所やモスクなどで行なうことが多**かった。

暗殺者を養成したとされるアラムート城（右手前の岩山の上）

スンニ派の有力者たちは、いつ、どこからアサシンに襲われるかわからないため怯え、ボディーガードを随行させていたという。アサシンの噂は、西アジアのみならずヨーロッパにも広まっていた。

ハッサンは一一二四年、九十歳で亡くなったが、その後もこの教団は百五十年もの間、存続した。しかしながら、一二五六年、フラグ（モンゴルの将軍でイル・ハン国の建国者）率いるモンゴル軍の侵攻によって砦は陥落し、八代目の山の長老だったフールシャーは殺され、教団は壊滅してしまった。

マルコ・ポーロの記述には脚色部分もあるといわれるが、要人たちを恐怖におとしいれた暗殺教団の伝説はミステリアスな響きとともに今に伝えられている。

消失事件が頻発

上空も海中も！　恐怖の海域「バミューダトライアングル」

北アメリカの南東、バミューダ諸島とプエルトリコ、マイアミを結んだ三角の海域「**死のバミューダトライアングル**」では、船や航空機の謎の消失事件が多発するという。

船も航空機も、計器が狂い航行不能になった！

大航海時代より、船が忽然と消えたという記録が残っているが、恐怖の伝説の発端として最も有名なのは、一九四五年に起きたアメリカ空軍所属の五機のアベンジャー型雷撃機と、彼らを救援に行ったはずのマーティン・マリナー型飛行機の消失事件である。

十二月五日の午後、フロリダ州のフォート・ローダーテール空軍基地を飛び立った五機のアベンジャー雷撃機より、基地のコントロールタワーに突然、「**方角がまったくわからない**」という**SOS**が入った。

バミューダトライアングルで消息を絶った米軍機の同型機

救援機が飛び立ったものの、間もなく交信が不能となり、**救援機ともども消息を絶ってしまった**のである。しかも、何かのトラブルで航行不能となり墜落したのなら、飛行機の残骸が見つかりそうだが、不思議なことに機体の残骸はまったく発見されなかった。

その後もバミューダトライアングルでは謎の消失事件が頻発し、**二十年で千人以上の船員やパイロットが行方不明になった**ともいわれている。

相次ぐ「消失事件」の原因は何だったのか

では、いったいなぜこのようなことが起きてしまうのか？

たとえば、地球の磁力が原因とする説では、地球の磁力線がこのあたりでぶつかることで複雑な磁場を形成すると、渦巻き状になる。そのため**磁場異常を引き起こし、計器類を故障させるので事故が起こる**という。とはいえ、これでは方向を見失う説明にはなっているが、墜落や沈没の説明としては弱い。

あるいは、このあたりには異次元に通じるブラックホールがあり、何かの拍子にこのブラックホールに吸い込まれてしまい、乗組員とともに船体や機体が飲み込まれてしまうという説。

あるいはちょうどこのあたりの磁力が極端に弱いため、宇宙人が地球人を連れ去るのに便利なので、ここから船や飛行機ごとさらうのだという突飛な説もある。

その他、海藻のサルガッソー（ホンダワラ）が原因だという説もある。海藻が大量に発生し、船のエンジンにからまり沈没させるという。だがこれでは飛行機が消息を絶つ理由にはならない。

科学的な原因解明は可能か？

最近注目されているのが、「メタンハイドレート説」である。

メタンハイドレートとはメタンガスが圧縮されたもので、ふだんは氷状になってい

る。これが深海の底に埋もれていることはよく知られており、次世代のエネルギー資源としても注目されている。

ところが、海水温が急上昇すると、氷状だったメタンハイドレートが融けて、メタンガスになる。**このメタンガスの大量発生時に、そこを船が航行すると、メタンガスの泡に包まれて沈没する**のだという。

また、メタンガスは軽いので海上からさらに上昇する。空気と混ざると燃焼しやすくなるが、運悪くこの**メタンガスの上昇気流を飛行機のエンジンが吸い込むと、ガス爆発を起こしてしまう。**

可能性は高そうだが、まだ実証はされておらず、消失事件の全面解明には至っていない。

歴史上最も悪名高い独裁者

ヒトラーが密かに開発していた「秘密兵器」とは？

ナチスドイツを率いたアドルフ・ヒトラーは、史上最悪の独裁者の一人として悪名高い人物である。しかし、その人物像と業績は有名だが、同時に謎の多い人物でもある。

ヒトラーは、一九四五年四月三十日、ベルリンの総統本部の地下室で、口径六・三五ミリのワルサーPPK拳銃で頭を撃って自殺したとされている。その後、遺体は部下の手によってガソリンをかけて焼かれ、地中に埋められた。

「ヒトラーの死」が疑問視され続けた理由

しかし、これはあくまで部下の証言にすぎず、証拠は何一つ残っていなかった。

二〇〇〇年にロシアがヒトラーの頭蓋骨を公開したが、ヒトラーの頭蓋骨の穴は三〜四センチメートルもあり、ヒトラーが使ったとされる拳銃の銃口とはまったく一致しなかった。

さらに、二〇〇九年には、**米コネチカット大学がヒトラーの頭蓋骨をＤＮＡ鑑定した結果、実は女性のものだったという驚くべき事実が判明**している。つまり、ヒトラーは自殺していなかった可能性も浮上してくるのである。

実際、ヒトラーの死については、終戦直後から疑問視する声が多く上がっており、ヒトラーは他人を身代わりにして国外逃亡したのではないか、という噂が流れていた。スターリンすらヒトラーの自殺を信じず、戦後しばらくヒトラーの行方を探るよう命じていたという。

脅威の技術力で、米ソを震撼させていたナチス

こうしたヒトラー逃亡説が生まれた背景には、ナチスが持っていた、当時世界最先端の技術力がある。

当時のドイツがすでに一九三〇年代から米ソに先駆けて世界初実用ジェット機や弾道ミサイル「Ｖ２ロケット」の開発に着手していたことは有名だ。第二次世界大戦では、イギリスやフランス、ベルギー、オランダなどに対して発射されている。

ドイツの卓越した科学技術力を脅威と感じていた米ソは、終戦後、**ナチスの優秀な科学者の争奪戦**を行なった。アメリカはＶ２ロケットを開発したヴェルナー・フォ

ン・ブラウン博士を亡命させると、ミサイルと宇宙ロケットの開発に着手させ、人類初の月面着陸を成功させたアポロ11号のサターンVロケットを開発した。

一方ソ連も、ドイツから多くの技術者を連行して、ロケット技術の輸入に努めた。そして一九六一年、ガガーリンによる人類初の有人宇宙飛行を、アメリカに先んじて成功させたのである。

ヒトラーを〝逃亡〟させた乗り物は、なんと――

こうした技術力の高さは、驚くべき伝説を生む。なんと、**ナチスはUFOの開発にも取り組んでいた**というのだ。

その開発は、すでにかなりの完成を見ており、**一九四四年にロンドンのテムズ川上空に姿を現わし、ニューヨークタイムズで報じられた直径六メートルのUFOは、ナチスがつくったものだという説**もある。

『絶対に明かされない世界の未解決ファイル99』（ダニエル・スミス著、日経ナショナル・ジオグラフィック社）によると、このUFOは垂直離着陸を可能とし、高速での低空飛行も可能だったという。このUFO伝説が本当だとすれば、追いつめられたヒトラーを逃がすことは、さほど難しくなかったかもしれない。

ノルマンディー上陸作戦を成功させた

第二次大戦のアメリカの名将パットンは、輪廻転生していた!?

アメリカの戦車部隊を指揮し、第二次世界大戦では一九四四年のノルマンディー上陸作戦を成功させたジョージ・パットンは、M46戦車の愛称にその名が冠される名将である。

「大胆不敵」を旨とし、敵の後方に果敢に回り込んで攻撃するスタイルを好む好戦型の軍人だったという。

誰もが認めていたパットンの並外れた直感力

そうしたパットンが多くの部下に慕われた理由は、一見無謀とも思える大胆な作戦も、彼が指揮すると、その優れた〝直感力〟が発揮され、一転して成功へと導かれるからである。

この〝直感力〟はパットンだけの特別なもので、彼とともに戦った者は皆、その直感力を信頼していた。

実は、**パットンによると、彼は何度も軍人として生まれ変わったため、世界各地の戦場を熟知しており、それが直感力を大いに助けたという。**

彼曰く、紀元前三世紀には、カルタゴの将軍ハンニバルとしてローマと第二次ポエニ戦争を戦ったという。ハンニバルは、イベリア半島のカルタゴ・ノヴァからアルプス越えを敢行(かんこう)し、カンナエの戦いでは、現在も戦術の手本とされる両翼包囲戦術を用いて五万のローマ軍を壊滅させている。

またカエサルがローマに君臨していた頃は、パットンはローマ軍の百人隊長であり、ナポレオンがヨーロッパを席巻していたときは、その配下として活躍した元帥ミュラと一緒に戦ったと語っている。

◉ヨーロッパの地理を〝知り尽くしていた〟理由

このため、パットンはアメリカの軍人でありながら、ヨーロッパの土地に慣れていたというのだ。

実際、**初めて訪れた土地であるにもかかわらず、パットンはその土地の地理に詳しく、道案内はまったく不要だった。**運転士に自ら道を教えることまであったともいう。

繰り返された転生によって身につけたパットンの直感力は、戦術面で大いに役に立ったが、皮肉にも自らの死に関しても予知してしまった。

第二次世界大戦が連合国の勝利に終わり、ドイツ軍が降伏した一九四五年五月、一度母国アメリカへ引き揚げたパットンは、占領下のドイツを統治するため第十五軍司令官としてドイツへ赴任することになった。

このとき、彼は子供たちに、**「私はヨーロッパで死ぬはずだから、そうしたら、(アメリカへ遺体を運ぶのではなく) そこに埋葬してほしい」**と話したという。

するとその言葉通り、赴任して半年あまり、パットンは交通事故に遭って首の骨を折り、同年十二月二十一日、息を引き取った。

とはいえ、パットンは輪廻転生を繰り返してきたことを告白している。

もしかすると今もパットンは誰か優秀な軍人に転生し、活躍の時を待っているのかもしれない。

第二次世界大戦の名将ジョージ・パットン

【参考文献】

『物語イギリスの歴史（上）古代ブリテン島からエリザベス1世まで』君塚直隆、『物語イギリスの歴史（下）清教徒・名誉革命からエリザベス2世まで』君塚直隆、『チンギス・カン〝蒼き狼〟の実像』白石典之（以上、中央公論新社）／『スキャンダルの世界史』海野弘、『だからスキャンダルは面白い』ブルース・ポリング、『ツタンカーメン死後の奇妙な物語』ジョー・マーチャント、『世界悪女大全―淫乱で残虐で強欲な美人たち』桐生操（以上、文藝春秋）／『オスマンVS.ヨーロッパ〈トルコの脅威〉とは何だったのか』新井政美、『カペー朝―フランス王朝史1』佐藤賢一、『ナチスの財宝』篠田航一、『ユダとは誰か　原始キリスト教と「ユダの福音書」の中のユダ』荒井献、『神聖ローマ帝国』菊池良生、『謎の古代都市　アレクサンドリア』野町啓（以上、講談社）／『ツタンカーメン少年王の謎』河合望、『知っておきたいアメリカ意外史』杉田米行（以上、集英社）／『中国歴代王朝秘史事典』王敏、『図説　海賊』増田義郎、『図説　ハプスブルク帝国』加藤雅彦、『図説　フリーメイソン』吉村正和、『図説イギリスの王室』石井美樹子、『世界史ミステリー事件の真実―歴史の闇に葬られた未解決事件を追う』瑞穂れい子（以上、河出書房新社）／『「伝説」になった女たち』山崎洋子、『美女たちの西洋美術史―肖像画は語る』木村泰司、『名画で読み解くブルボン王朝12の物語』中野京子、『肖像画で読み解くイギリス王室の物語』君塚直隆（以上、光文社）／『イギリス王室一〇〇〇年史―辺境の王国から大英帝国への飛翔』石井美樹子、『日本人だけが知らない世界史ミステリー33の真説』森実与子、『ハプスブルク家の人々』菊池良生（以上、新人物往来社）／『ジャンヌ・ダルク―歴史を生き続ける「聖女」』高山一彦、『魔女狩り』森島恒雄（以上、岩波書店）／『ローマ教皇歴代誌』P・G・マックスウェル・スチュアート、『アレクサンダー大王―未完の世界帝国』ピエール・ブリアン（以上、創元社）／『図説ヨーロッパ怪物文化誌事典』蔵持不三也監修、松平俊久著、『世界怪異現象百科』ジョン・スペンサー、アン・

スペンサー（以上、原書房）／『ユダの福音書を追え』ハーバート・クロスニー、『絶対に明かされない世界の未解決ファイル99』ダニエル・スミス（以上、日経ナショナルジオグラフィック社）／『早わかり〈世界〉近現代史』宮崎正勝、『はじめてでも全体像がつかめる！　早わかり聖書』生田哲（以上、日本実業出版社）／『図説　世界霊界伝承事典』ピーター・ヘイニング、『世界陰謀史事典』ジョエル・レヴィ（以上、柏書房）／『ムー的都市伝説』並木伸一郎、『世界不思議大全1巻』泉保也（以上、学研パブリッシング）／『オーパーツ大全―失われた文明の遺産』クラウス・ドナ、ラインハルト・ハベック（学習研究社）／『図解　古代兵器』水野大樹（新紀元社）／『アトランティスの発見』竹内均（ごま書房）／『目で見る聖書の時代』月本昭男（日本基督教団出版局）／『キリスト教史』菊地榮三、菊地伸二（教文館）／『きれいなお城の怖い話―ドラキュラ公から青髯男爵まで』桐生操（大和書房）／『図解　これだけは知っておきたいキリスト教』山我哲雄編著（洋泉社）／『ストレンジ・ワールド〈PART1〉』フランク・エドワーズ（曙出版）／『ニュートン別冊　古代世界への旅』（教育社）／『世界史の謎がズバリ！わかる本2』桐生操（青春出版社）／『モーツァルトオペラのすべて』堀内修（平凡社）／『モーツァルトミステリーツアー』中川右介（ゴマブックス）／『モンゴルが世界史を覆す』杉山正明（日本経済出版社）／『教科書では学べない世界史のディープな人々』鶴岡聡（中経出版）／『古代世界70の不思議―過去の文明の謎を解く』ブライアン・M・フェイガン（東京書籍）／『最強の都市伝説』並木伸一郎（経済界）／『世界不思議百科』コリン・ウィルソン、ダモン・ウィルソン（青土社）／『知れば知るほどあぶない世界史―秘密結社からミステリー・ゾーンまで』桐生操（祥伝社）／『知識ゼロからの西洋絵画入門』山田五郎（幻冬舎）／『中国人物史100話』駒田信二監修、林亮著（立風書房）／『中世教皇史』ジェフリー・バラクロウ（八坂書房）／『有名人のご臨終さまざま』マルコム・フォーブス、ジェフ・ブロック（草思社）／『眠れないほどおもしろい世界史「不思議な話」』並木伸一郎（三笠書房）／産経新聞／読売新聞／毎日新聞本書は、本文庫のために書き下ろされたものです。

世界史ミステリー

著者　博学面白倶楽部（はくがくおもしろくらぶ）
発行者　押鐘太陽
発行所　株式会社三笠書房
〒102-0072 東京都千代田区飯田橋3-3-1
電話　03-5226-5734（営業部）03-5226-5731（編集部）
http://www.mikasashobo.co.jp
印刷　誠宏印刷
製本　ナショナル製本

 ISBN978-4-8379-6844-3 C0130

＊落丁・乱丁本は当社営業部宛にお送りください。お取替えいたします。
＊定価・発行日はカバーに表示してあります。

王様文庫

日本史ミステリー

博学面白倶楽部

「あの大事件・人物」の謎、奇跡、伝説――「まさか」があるから、歴史は面白い！●最後の勘定奉行に疑惑あり！「徳川埋蔵金」のゆくえ●今なお続く奇習が伝える、平家の落人の秘密●あの武将も、あの政略結婚も〝替え玉〟だった……衝撃と驚愕が迫る！

本当は怖い世界史

堀江宏樹

愛憎・欲望・権力・迷信……こうして、歴史は動いてしまう。●処女王・エリザベス1世の夢は、夜遅くひらく●ガンジーが偉人であり続けるために〝隠していた秘密〟●ナポレオンもヒトラーも狂わされた「聖遺物」の真実――人間の本質は、いつの時代も変わらない！

本当は怖い日本史

堀江宏樹

「隠された歴史」にこそ、真実がある。◇坂本龍馬を暗殺した〝裏切り〟の人物◇亡き夫・豊臣秀頼の呪いに苦しみ続けた千姫◇島原の乱を率いた「天草四郎」は、架空の存在？……本当はこんなに恐ろしい、こんなに裏がある！日本史の〝深い闇〟をひもとく本！

K30436